Helmut Stücher

Sie aber erkannten ihn nicht

Die Josephgeschichte
im Lichte der Offenbarung

(1. Mose 37 - 50)

Bibliografische Information der
Deutschen Nationalbibliothek:
Die Deutsche Nationalbibliothek
verzeichnet diese Publikation in
der Deutschen Nationalbibliografie;
detaillierte bibliografische Daten
sind im Internet über dnb.dnb.de
abrufbar.

© 2018 Helmut Stücher

2. korrigierte Auflage 2020

Umschlaggestaltung, Layout und Satz:
Henrich Media + Werbung, Siegen

Herstellung und Verlag:
BoD – Books on Demand, Norderstedt

ISBN: 978-3-7528-0484-3

INHALT

5

„Ich freue mich über dein Wort
wie einer, der große Beute findet"

(Ps. 119)

Vorwort

Die vorliegende Betrachtung ist die 2. Auflage von „Jesus unser Bruder". Die erste Auflage war auf eine bestimmte Gruppe von Gläubigen fokussiert, die auch in der neuen Auflage eine zentrale Rolle spielt. Die Wiederkunft Jesu hat jedoch für alle Gläubigen und Gemeinden entscheidende Bedeutung, ob die Brüder „den Erstgeborenen der Brüder" erkennen. W i e Er kommt und zu welchem Zweck zeigt uns die Offenbarung, was schon an alttestamentlichen Vorbildern zu erkennen ist, besonders deutlich an der Geschichte Josephs. Deshalb werden wir immer wieder Bezüge vom ersten Buch der Bibel auf das letzte, die Offenbarung Jesu Christi, finden. Bekanntlich ist ja das Alte Testament nur im Lichte des Neuen zu verstehen.

Die vorliegende Betrachtung ist als Beiheft gedacht, um die Offenbarung besser zu verstehen. Den Bibelstellen liegt die „Elberfelder Übersetzung" zu Grunde. Soweit wir uns innerhalb der Josephgeschichte im 1. Buche Mose, also die Kapitel 37 – 50, bewegen, sind nur Kapitel und Vers angegeben.

Der Verfasser

EINLEITUNG

Über die Wiederkunft Christi gibt es sehr unterschiedliche Vorstellungen. Die einen meinen, sie sei zweigeteilt, zuerst die Entrückung, dann der Tag des Herrn zum Gericht; eine andere Gruppe hat sich darauf festgelegt, dass die Gemeinde zuerst noch durch die Drangsal muss; die Israelfreunde erwarten Jesu Ankunft auf dem Ölberg. Alle kennen und bekennen Jesus als HErrn, jeder wird Ihn sehen, wenn Er wiederkommt. Doch die große Frage stellt sich, in welcher Gestalt wird Er wiederkommen? Und werden wir Ihn sogleich erkennen oder bedarf es einer besonderen Offenbarung Seinerseits?

Über die Herrlichkeit unseres Herrn Jesu Christus in Seiner Niedrigkeit ist schon viel geschrieben worden. Wunderbare Betrachtungen über das Leben Jesu, Seine Vollkommenheit, Seine Liebe, Seine Wohltaten und Seine Selbsthingabe machen uns den HErrn der Herrlichkeit groß. Unsere Betrachtung beschäftigt sich mit Seiner himmlischen Herrlichkeit, die geoffenbart werden soll. Anhand biblischer Lebensbilder soll gezeigt werden, dass die Einzigartigkeit Jesu Christi in Seinem Leben sich in Seiner Offenbarung widerspiegelt als Lamm und Herrscher auf dem Thron. Kein anderer begegnet uns dort als Der, den die Jünger gekannt haben und wie wir Ihn kennen. Sein Wesen, Seine Treue und Seine Liebe gegen die Seinen hat sich nicht verändert. Das erfährt als Erster der Seher Johannes selbst und jeder Knecht Gottes, dem die Offenbarung Jesu Christi gezeigt worden ist. Das letzte Buch der Bibel ist nur das Fenster, unter dem viele Deutungsversuche gemacht werden, aber was und wer sich dahinter verbirgt liegt im Dunkeln. Doch wenn es uns geöffnet wird und das wahrhaftige Licht hinein fällt, entdecken wir die ganze Herrlichkeit Seiner Person und der Wege Gottes mit den Seinen und der Welt in den alttestamentlichen Vorbildern, zu denen die Offenbarung Jesu Christi uns zurückführt.

In den Evangelien werden wir am Schluss nur mit der Tatsache an sich bekannt gemacht, dass Jesus im Himmel ist, sitzend zur Rechten der Majestät. Mehr ist auch nicht in den allgemeinen Auslegungen zu erfahren. Selbst Bibellehrer, die tief in die Gedanken Gottes eingedrungen sind, können uns nicht sagen, welche Herrlichkeit Christus jetzt hat und umgibt. Unsere Lieben, wenn sie in Christo entschlafen sind, wissen wir im Himmel, sie sind bei Jesu, was weit besser ist. Wir werden sie wiedersehen, wenn auch wir dorthin gelangt sind und mit ihnen zusammen den HErrn ewig loben. Das genügt uns. Doch von Christus wollen wir nicht nur wissen, dass Er lebt und zur Rechten Gottes sitzt und von dort wiederkommen wird, sondern auch, welche Macht Er gegenwärtig hat und ausübt und zu welchen Gunsten, wie Er regiert und wie wir daran teilhaben können. Schon gleich im ersten Kapitel der Offenbarung wird eine Geschichte angedeutet, die augenscheinlich an Joseph und seine Brüder erinnert, bevor er sich ihnen offenbarte. Diese Geschichte müssen wir näher betrachten, denn sie veranschaulicht wie keine andere die Herrlichkeit Christi in Seinem Leben und in Seiner Hoheit.

Die Geschichte Josephs hat mich schon als Knabe gefesselt und ergreift mich immer wieder beim Lesen. Die Dramatik und Spannung dieser Geschichte lässt einen kaum über ihre vorbildhafte und geistliche Bedeutung nachdenken. Und doch enthält sie, wie überhaupt das erste Buch der Bibel in den Lebensgeschichten Einzelner, bereits den ganzen Heilsplan Gottes. Manchmal entdeckt man ein Stück eigener Lebensgeschichte in biblischen Gestalten und Ereignissen, was ich dem Leser nicht verheimlichen will. Man muss wohl erst einmal in eine ähnliche Situation kommen, um Gottes Wort und Wege zu verstehen. Ich verstehe nicht alles, aber ich glaube dennoch alles was geschrieben steht. Der Glaube geht dem Verstehen voraus, „durch Glauben verstehen wir, dass die Welten durch Gottes Wort bereitet sind" (Hebr.11). Was die Wissenschaft nicht ergründen kann, versteht der Glaube. Schon der Kinderglaube versteht mehr von Gottes Schöpfung und kann sich daran erfreuen, als alle Wissenschaftler dieser Welt.

Leider herrscht unter Gläubigen viel Unkenntnis und auch Unverstand im Schriftverständnis, sei es, dass sie ohne Glauben verstehen wollen oder ohne den Geist am Buchstaben hängen, das heißt, die Schrift wie der natürliche Mensch betrachten und buchstäblich deuten, manchmal auch einfach nicht richtig lesen was wirklich dort steht und daraus falsche Schlüsse ziehen. Dazu verleiten besonders die prophetischen Schriften, indem man versucht, sie sich natürlich vorzustellen, statt sie wie das Gesetz geistlich zu betrachten. Viele Kinder Gottes sind einfach auch falsch belehrt. Obwohl sie an die göttliche Inspiration der Schrift glauben, fehlt das geistliche Verständnis, wodurch sich die Schrift erst erschließt. „Denn der Geist erforscht alles, auch die Tiefen Gottes" (1.Kor.2,9-16).

Die Josephgeschichte wird meist auf die Zukunft Israels gedeutet, die Juden würden noch in große Drangsal kommen und dann Jesus erkennen, wenn Er auf dem Ölberg erscheine. Gestützt wird diese Vorstellung mit der Endzeitrede Jesu (Matth.24). Dabei wird gewöhnlich übersehen oder es ist Unwissenheit, dass die in den Evangelien angekündigten Ereignisse jüdische Geschichte sind, die sich so nicht wiederholen kann.

Was wir im ersten Buch der Bibel vor Augen haben, ist eine ganz andere Geschichte. Im Lichte der Offenbarung erkennen wir in den Brüdern Josephs die Geschichte der christlichen Brüder, die ihren Joseph-Jesus in Seiner erhöhten und verherrlichten Stellung noch kaum oder garnicht erkannt haben. Wie sollten wir auch, wenn wir mit den alttestamentlichen Vorbildern so wenig vertraut sind oder mit ihnen so unverbindlich umgehen. Wie könnten wir auch, wenn wir die volle Erfüllung der Propheten durch unseren Herrn Jesus Christus und in Ihm, in Seinem Kreuz und Seiner Auferstehung bestreiten? Der herrschende Israelirrtum kann mit einem Satz widerlegt werden: Die Apostel haben „in Jesu die Auferstehung aus den Toten verkündigt" (Apg.4,2) Aber gerade das empörte die Priester und Obersten, besonders die Pharisäer: sie glaubten fraglos an die Auferstehung des Volkes gemäß der Weissagung Hesekiels durch den Geist (37), aber doch nicht in dem Verführer Jesus. Sie haben sich weniger über das Zeugnis der Auferstehung Jesu am Pfingsttage aufgeregt (Apg.2,32), sondern vielmehr, dass *in dem Jesus* die Auferstehung Israels geschehen sein soll, Er als der Erste der Söhne Israels (Apg.26,23); alle, die an Seinen Namen glauben, haben Teil an der geistlichen Totenauferstehung zum ewigen Leben, wie schon Jesus gesagt hat (Joh.5,25). Wegen dieser Hoffnung klagten die Juden paradoxerweise Paulus vor Agrippa an, und doch hat der Apostel nichts anderes verkündigt als die Hoffnung Israels (Apg.26,6.7).

Als Paulus nach Rom kommt, sagt er den Brüdern, „wegen der Hoffnung Israels bin ich mit dieser Kette umgeben" (Apg.28,20). Die Hoffnung Israels liegt also in dem Evangelium, das Paulus verkündigt, zuerst den Juden und auch den Nationen, denn beide lagen im Tode. Wir werden leider feststellen müssen, dass gerade mit der Erfüllung der Hoffnung Israels in Jesus die Brüder größte Schwierigkeiten haben, die Brüder Josephs in Joseph, unsere evangelikalen Mitbrüder in Jesus. Unsere Betrachtung basiert darauf, dass in Jesus, in Seiner Auferstehung und Erhöhung alles erfüllt ist, sowohl das Heil der Juden als auch der Welt gleichwie von Joseph das Leben seiner Brüder als auch der Ägypter abhing.

Die Apostel predigten Buße und Vergebung der Sünden für Israel und darüber hinaus, und das ist auch heute noch die Botschaft an Juden und Heiden bis an das Ende der Zeit. „Das Evangelium wird solange verkündigt werden wie die Welt besteht" (Spurgeon). Denn es ist in keinem anderen das Heil als nur in dem Namen Jesus (Apg.4,12). Die Geschichte Josephs bietet dafür das anschaulichste Vorbild.

Wie kommt es, dass gläubige Christen die Errettung Israels in dem Namen Jesu in Frage stellen? Einzelner Juden, die zum Glauben kommen, freilich nicht. Wenn Jesus wiederkommt, kommt Er nicht zum Heil, sondern zum Gericht, sowohl der Toten als der Lebendigen. Das Problem des Nichtverstehenkönnens liegt in der Erhöhung Christi, zu der Gott Ihn erhöht hat über alles. Die letzten Worte Jesu im Matthäusevangelium, „mir ist alle Gewalt gegeben im Himmel und auf Erden", beziehen sich nicht nur auf Seinen Beistand in unserem Zeugendienst, so dass wir mutig vorangehen können, Er ist bei uns auf allen Wegen bis ans Ende. Auf dem Thron sitzt Derselbe, der einst als Sohn und Knecht Gottes in menschlicher Gestalt hienieden war. Er ist immer noch wie einst voller Gnade und Wahrheit, wenn wir auch in der Offenbarung zuerst mit der Wahrheit konfrontiert werden, mit der vollen Wahrheit über den Zustand der Kirche und den Mächten, die sie bedrohen. Nicht allein aber das, sondern auch die Verheißungen an die Überwinder sind Wahrheit, die sich erfüllen muss; denn „die Verheißung aus Glauben an Jesum Christum ist denen gegeben, welche glauben" (Gal.3,22). Das glauben wir.

Die Herrlichkeit des Eingeborenen vom Vater war den Jüngern geoffenbart, sie haben sie mit ihren Augen gesehen, „was wir angeschaut und unsere Hände betastet haben, betreffend das Wort des Lebens" (Joh.1,14; 1.Joh.1,1). Doch wie erscheint der Menschensohn in Seiner Herrlichkeit im Himmel? Der greise Apostel ist überrascht, ja zu Tode erschrocken, plötzlich Jesus in Seiner

Offenbarung zu sehen, ganz anders als er Ihn gekannt hat, sehr furchtbar. Aber der HErr legt Seine Rechte auf ihn und spricht: „Fürchte dich nicht! Ich bin der Erste und der Letzte und der Lebendige, und ich war tot und bin lebendig von Ewigkeit zu Ewigkeit" (Offb.1). Ich bin immer noch Derselbe, den du gekannt hast, an dessen Brust du gelegen, der dich liebt und den du über alles liebtest. Da war die Verbindung wieder hergestellt. Das sollen auch wir erfahren, wenn wir einmal erkennen, wie Er ist.

Es bedurfte also selbst für einen Jünger wie Johannes einer Offenbarung der himmlischen Herrlichkeit und Macht Jesu Christi. Wieviel mehr wir, auch wenn wir Jesus lieben und uns nicht gegen die Bruderliebe vergangen haben. Der Umstand, dass die Offenbarung schon früh in der Kirchengeschichte aus dem Blick geraten ist, stellt uns heute vor eine schwierige Aufgabe. Erst im 19.Jahrhundert fing man wieder intensiv an, das letzte Buch zu erforschen, kam aber zu falschen Schlüssen durch politische Irritation, indem man meinte, der Zionismus habe etwas mit biblischen Verheißungen zu tun. Das führte auch zu einer völligen Verkennung des Lammes, ja man unterstellte Ihm eine künftige Weltherrschaft, was Jesus so fremd ist wie dem Wesen Josephs. Jesus im Vorbild Josephs zu sehen hätte sie eines Besseren belehrt. Die ersten Christen verstanden die Offenbarung besser als wir, weil sie noch einen anderen Bezug zum Alten Testament hatten; das letzte Buch der Heiligen Schrift kann nur mit dem geistlichen Hintergrund der alttestamentlichen Schriften verstanden werden. Die Offenbarung Jesu Christi findet ihr Vorbild in Joseph. Was dieser von Herzen war, wozu er berufen war, wie Gott ihn in Ägypten zum Herrscher erhöhte und schließlich, dass die Brüder zu ihm kommen und er sich ihnen offenbart – man könnte die Josephgeschichte auch die „Offenbarung Josephs" nennen, welche Gott ihm gab, wie der erste Satz in der „Offenbarung Jesu Christi" lautet. Oder sollte es gar auch für uns notwendig sein, dass wir zuerst zu Jesus kommen müssen, bevor Er wiederkommt? Die Josephgeschichte stellt es so dar, und das ist auch der Weg in der Offenbarung bis zur Hochzeit des Lammes.

Daher werden wir versuchen, die Josephgeschichte unter dem Aspekt der Offenbarung zu betrachten: geschichtlich, was sich ereignet hat; prophetisch in Jesus Christus erfüllt, geistlich auf die bekennende Gemeinde gedeutet und an Betroffenen erlebt.

Ein Kardinalfehler, dem leider meine Brüder und viele Bibelgläubigen verfallen sind, ist die Lehre, Christus sei noch verworfen. Das war die letzte Handlung von den Brüdern Josephs, seine Spur verlor sich mit den Sklavenhändlern; Mit der Verwerfung Jesu am Kreuz schied Er aus der Welt, aus der jüdischen Welt. „Die Welt sieht mich nicht mehr" (Joh.14,19). Doch Jesus ist auferstanden und aufgefahren in die himmlische Herrlichkeit, Er lebt jetzt in einer anderen Welt, im Reich der Himmel. Seine Brüder sind nicht mehr die Juden und werden es auch nie mehr sein, es sei denn sie glauben an den Sohn Gottes. Da ist kein Unterschied zu anderen Menschen (Röm.3). Jesu Brüder sind nur die, welche den Willen Seines Vaters tun. „Gehe hin zu meinen Brüdern", sagt der Auferstandene zu Maria Magdalene, „und sprich zu ihnen: ich fahre auf zu meinem Vater und eurem Vater, und zu meinem Gott und eurem Gott" (Joh.20,17).

Jesus, immer noch verworfen? Nein! Er ist gestorben, Er existiert dem Fleische nach nicht mehr. Immerhin gesteht man Ihm eine zukünftige Herrschaft zu, jedoch nicht über sie, sondern sie als Mitherrscher über die Juden und die Welt. Wir würden, schreibt der englische Bruder (Bellet) in seiner an sich schönen Betrachtung „Der Sohn Gottes – die Herrlichkeit Jesu Christi in Seiner Menschheit", im Zeitalter der Verwerfung Christi leben, bis Er im *tausendjährigen Reich* regieren würde. Wäre das wahr, müsste der Name Jesu in aller Welt jetzt noch verachtet sein und die Familie Gottes nebst der Welt längst Hungers sterben. Das ist aber ganz und gar nicht der Fall. Die ganze christliche Welt verherrlicht Jesus als Sohn Gottes, und selbst die ungläubige Welt rühmt ihn als idealen Menschen; sogar Juden halten ihn heute für ihren Bruder, für einen Propheten, der Islam sowieso.

Christus ist nicht mehr verworfen, zumindest nicht sein Name. Eigentlich war Er es damals nur von der herrschenden Geistlichkeit in Jerusalem, nicht vom ganzen Volk. Viele haben an Ihn geglaubt, auch viele Priester; die ersten Kapitel der Apostelgeschichte berichten von einer großen Erweckung in Jerusalem. Überall in Judäa und Galiläa und in der Zerstreuung wurden Synagogen zu Gemeinden Jesu, und auch Samaria hat das Wort Gottes angenommen – die Apostel der Beschneidung, Jakobs, Petrus und Johannes, ernteten die Saat des Evangeliums vom Reich in Jesu (Jak.1,1). Nur Paulus, der Apostel der Nationen, stieß vielfach auf Schwierigkeiten wegen der Gleichstellung der Juden mit den Heiden bzw. der Einverleibung der Nationen in Israel (Apg.13; Eph.2). Wir hätten heute kein Problem damit, wenn die halbe Welt in die Gemeinde käme; das wäre ja die erbetene Erweckung. Woran sich heute die Geister scheiden werden, das ist an dem Christus der Offenbarung und Seinem ewigen Reich (Offb.11,15-18).

Die Rede „Israel sei noch im Unglauben", kann man so nicht stehen lassen. Ungläubige sind nicht Israel (1.Thess.2,14-16). Wenn sie im Unglauben gestorben sind, sind sie verlorengegangen (Jud.5). Als Paulus den Aposteln in Jerusalem erzählt, wieviel Gott durch seinen Dienst getan hat, sagt Jakobus: „du siehst, Bruder, wie viele Tausende der Juden es gibt, welche glauben" (Apg.21,20). Noch immer und heute besonders viele in den USA kommen zum Glauben. Wer faselt denn da von einem „auserwählten Volk Gottes"? Nach 2000 Jahren plötzlich auserwählt, was heute ein säkulärer Staat ist? Das „jüdische Volk" ist eine Erfindung der Zionisten, schreibt der jüdische Bestsellerautor Shlomo Sand.

Halten wir fest, Israel besteht aus Menschen wie wir, damals aus wahren Juden wie falschen, die einen eine Synagoge Satans, die anderen ein heiliger Tempel im Herrn durch den Glauben an Jeus Christus (Offb.2,9). „Denn nicht alle die aus Israel sind, diese sind Israel" (Röm.9,6), gleichwie auch nicht alle, die sich Christen nennen, Christen sind. Die meisten Juden in Israel sind keine Juden, sie kamen aus Rußland und waren ursprünglich Chasaren. Das große Chasarenreich übernahm im 8.Jahrh. die jüdische Religion wie andere des Riesenreiches die christliche Religion. Dieser Vorgang, dass viele aus den Völkern Juden wurden, finden wir schon im Buche Esther.

Wir müssen uns zuerst einmal über das wahre Israel Gottes klar werden, wenn wir die Josephgeschichte verstehen und richtig anwenden wollen. Würde man sich an den Vorbildern orientieren, wüsste man auch in Röm.11 das wahre Israel von dem falschen zu unterscheiden. „Ganz Israel wird errettet werden" (V.26) steht nicht für sich und kann nicht für sich gedeutet werden, sondern nur im Kontext des Römerbriefes und anhand der Vorbilder in der Geschichte Israels. Schon anhand der Geschichte Josephs wird die Ganzheit klar und wie es wieder dazu kommt. Dies aber setzt einen treuen und gläubigen Überrest voraus (V.1-5). In der Geschichte des Hauses Jakob ist es Joseph, bei der Wegführung Judas nach Babylon bzw. ihrer Rückkehr ist es wieder nur ein Überrest, wie Jesajas vorausgesagt hat: „Und wäre die Zahl der Söhne Israel wie der Sand am Meer, nur der Überrest wird errettet werden" (Jes.10,22, Esra 1; Röm.9,27). In Offb.7 ist es der christliche Überrest der 144000, versiegelt als Gottes Israel, danach die große Volksmenge. Beide bilden dann das ganze Israel durch die Reinigung im Blute des Lammes (Offb.7,14).

„Wir sehen aber Jesus ... mit Herrlichkeit und Ehre gekrönt" (Hebr.2,9; Offb.5,12). Warum sehen das die Brüder nicht? Sie sehen zwar das Priestertum, das Jesus gegenwärtig ausübt, nicht aber Sein Königtum. Beides gehört zusammen und ist voneinander abhängig, wie wir aus der Geschichte der Könige Israels wissen. Wenn das Priestertum versagte, versagte auch das Königtum. Wenn wir „zu einem Königtum gemacht sind, zu Priestern seinem Gott und Vater", dann muss Christus es ja zuerst sein (Offb.1,6; 5,10). Er habe sein Königtum noch nicht angetreten, sei lediglich zum König gesalbt, sagen sie. Auf dem Thron und noch nicht Herrscher? „Gott setzte ihn zu seiner Rechten in den himmlischen Örtern über jedes Fürstentum und jede Gewalt und Kraft und Herrschaft und jeden Namen, der genannt wird" (Eph.1,21).

Durch die Erhöhung Josephs in Ägypten war die Errettung der ganzen Familie möglich, in der Erhöhung Christi ist unsere Errettung und Erhaltung gesichert und das Heil der Welt. Jesus ist mehr als Joseph, Er ist wahrhaftig der Heiland der Welt. Er wird auch die zerstreuten Kinder Gottes wieder in eins versammeln, denn dafür ist Er gestorben. „Welchen ihr, obgleich ihr in nicht gesehen, liebet; an welchen glaubend, obgleich ihr ihn jetzt nicht sehet, ihr mit unaussprechlicher und verherrlichter Freude frohlocket" (1.Petr.1,8). Wenn Jesus sich offenbart, werden auch Zweifler wie Thomas glauben. Wenn alle Umstände gegen unseren Glauben sprechen, so glauben wir dennoch, weil wir Jesus erfahren haben. Was Joseph durch alles Leiden hindurchgetragen hat, nämlich die Hoffnung auf eine herrliche Zukunft, die Gott ihn schon früh im Traume hat sehen lassen, trägt auch uns hindurch. Sie war ihm so gewaltig, dass er sie nie vergessen konnte. Die Schmach, die wir um Christi willen erleiden, ist nicht das Letzte, sondern die Herrlichkeiten danach. Selbst wenn wir verfolgt werden – „die Leiden der Jetztzeit sind nicht wert verglichen zu werden mit der zukünftigen Herrlichkeit, die an uns geoffenbart werden soll" (Röm.8,18).

Es gibt leider eine Gruppe von Gläubigen, man könnte sie Benjaminiter nennen, die durchaus nicht an eine Wiedervereinigung der zertrennten Kinder Gottes glauben und sogar denen, die sich danach sehnen, ausreden wollen. Sie finden sich einfach mit der gegenwärtigen Situation ab, schotten sich ab und hoffen auf eine unmittelbar bevorstehende Entrückung. Hier liegt ihr Hauptproblem. Benjamin, der gerne als Schoßkind beim Vater bleiben möchte, hält den ganzen Prozess auf, obwohl er wie kein anderer die Einheit des Leibes bekennt. In der Geschichte Josephs wird sich nachher alles um ihn drehen. Und er wird vom Geist der Weissagung eines schweren Irrtums überführt werden, die übrigen von ihren moralischen Verfehlungen. Die Geschichte der Brüder Josephs und Jesus wird noch spannend werden. „Ich will deinen Namen kundtun meinen Brüdern" (Hebr.2,12).

Anfang und Ende der Geschichte ist dabei der „Erstgeborne der Brüder". Leider ist diese eine wichtige Beziehung zu Jesus, dass wir Seine Brüder sind und Er der Erstgeborene unter uns ist, verloren gegangen oder wenig in Betracht gezogen worden. Doch gerade darin ist ein Geheimnis enthalten, das die entfremdeten Herzen vereinigen kann zu einer neuen Gemeinschaft, die womöglich eine neue Gemeindebewegung auslöst. Jesu Gebet wird in Erfüllung gehen: „Vater ich will, daß die, welche du mir gegeben hast, auch bei mir seien, wo ich bin, auf daß sie meine Herrlichkeit schauen, die du mir gegeben hast" (Joh.17,24). Genau das hätte auch Joseph sagen können und hat er auch gesagt, als er sich den Brüdern offenbarte und sie bat, mit dem Vater und ihren Familien nach Ägypten zu kommen (Kap.45,10-13). Im Anschauen Seiner Herrlichkeit „werden wir verwandelt in dasselbe Bild von Herrlichkeit zu Herrlichkeit, als durch den Herrn, den Geist" (2.Kor.3,18). Alle Trennungen werden sich dann von selbst auflösen. Wir müssen nur kommen, die eigene Not wird uns treiben.

Es erfüllt mich mit tiefer Freude, endlich einmal vornehmlich meinen Brüdern die Macht und Ankunft unseres großen HErrn und Heilandes Jesus Christus vorstellen zu können, damit wir zur Einheit des Glaubens und zur Erkenntnis des Sohnes Gottes kommen, wie Er ist und wo Er jetzt ist. Möge Gott uns die Augen des Herzens dafür öffnen. Wir sind zum Anteil am Erbe der Heiligen berufen, um miteinander Christus in der Herrlichkeit zu betrachten, bis wir Ihn sehen wie Er ist. Denn auch in mir lebt ein sehnliches Verlangen nach herzlicher brüderlicher Gemeinschaft in Christus.

Ich fühle meine Unwürdigkeit und Unfähigkeit, anderen einen so erhabenen und weltbewegenden Gegenstand in der rechten Weise darzulegen, zumal einige prophetische Dinge anders gesehen werden müssen, als man bisher meinte. Möchte doch der geneigte Leser Vertrauen haben, dass hinter der vielleicht manchmal hart empfundenen Sprache eine brennende Liebe steckt, die das Wohl der Brüder sucht. Es ist noch immer so, daß die Wahrheit uns frei macht, frei auch von der Angst, die alles noch schlimmer kommen sieht und Erweckung schon im Keime erstickt. Ich getröste mich, daß besser und größer als meine Worte das Zeugnis Gottes selber ist, welches Er gezeugt hat über Seinen Sohn, in welchem alle Verheißungen der Propheten erfüllt sind; in Ihm erscheint auch die Geschichte Josephs in einem neuen Lichte. Ich bin überzeugt im dem HErrn, dass Er Seine Wege mit den bluterkauften Brüdern zu einem guten Ende führen wird.

Im Hause Jakob

„Der Eingeborene vom Vater" (Joh. 1,14)

„Dies ist die Geschichte Jakobs: Joseph, siebzehn Jahre alt..."
(1.Mo.37). Merkwürdig, diese Einleitung. Waren denn nicht die
vorhergehenden Kapitel (27-36) Jakobs Geschichte? Offenbar beginnt mit Joseph ein ganz neuer Lebensabschnitt für Jakob und
die ganze Familie. Bis dahin hatte Jakob schon viel erlebt, manche
Enttäuschungen und Schwierigkeiten lagen auf seinem Wege. Vor
seinem eigenen Bruder, der ihm nach dem Leben trachtete, musste
er fliehen, weil er ihm den Segen vorweggenommen hatte. Jakob
ging es immer um den Segen Gottes, woran bekanntlich alles gelegen ist. Fäschlich wird ihm unterstellt, er hätte Esau mit dem Lin-
sengericht betrogen. Die Schrift tadelt vielmehr Esau, der für eine
Speise sein Erstgeburtsrecht verkaufte und es somit gering achtete
(Hebr.12,16). Ohne das Erstgeburtsrecht wird man nicht gesegnet,
auch nicht im neuen Bunde. Von Natur aus besitzen wir es nicht,
wir erlangen es durch die Wiedergeburt. Aber man kann es wieder
verlieren, wenn man irdische und zeitliche Dinge höher schätzt als
den Segen Gottes.

In seiner Fremdlingschaft in Haran darf Jakob die Erfahrung
machen, dass die Liebe jedes Opfer wert ist. Wie hat Laban ihn
ausgenutzt, „zwanzig Jahre bin ich nun bei dir gewesen; deine
Mutterschafe und deine Ziegen haben nicht fehlgeboren, und
die Widder deiner Herde habe ich nicht gegessen. Das Zerrissene
habe ich zu dir gebracht, ich habe es büßen müssen; von meiner
Hand hast du es gefordert, mochte es gestohlen sein bei Tage oder

gestohlen bei Nacht. Es war mit mir also: des Tages verzehrte mich die Hitze, und der Frost des Nachts, und mein Schlaf floh von meinen Augen. Zwanzig Jahre bin ich nun in deinem Hause gewesen; Ich habe dir vierzehn Jahre gedient um deine beiden Töchter und sechs Jahre um deine Herde, und du hast meinen Lohn zehnmal verändert. Wenn nicht der Gott meines Vaters, der Gott Abrahams, und die Furcht Isaaks für mich gewesen wäre, gewiß, du würdest mich jetzt leer entlassen haben. Gott hat mein Elend und die Arbeit meiner Hände angesehen und hat gestern Nacht entschieden" (1.Mo.31).

Nach den Dienstjahren bei Laban war er auf Geheiß des Engels Gottes wieder nach Kanaan zurückgekehrt. Glücklicherweise musste er sich nicht mehr vor Esau fürchten, die beiden Brüder versöhnten sich. Unterwegs brachten ihn die Söhne Simeon und Levi durch ihren Racheakt an Sichem in Betrübnis. Dann starb seine geliebte Rahel, er errichtete ihr ein Denkmal. Ruben erzürnte ihn, weil er bei Bilha gelegen hatte. Den Schluss bildet das Begräbnis seines Vaters Isaak: „Esau und Jakob, seine beiden Söhne, begruben ihn". Hier waren die beiden Brüder sich einig, aber danach trennten sich ihre Wege für immer. Das folgende lange Geschlechtsverzeichnis von Esau zeigt, wie aus Esau Edom wurde; später entwickelte es sich zum Erzfeind Israels (Gesicht Obadjas).

Man sollte meinen, dass sein bisheriges Leben die ganze Geschichte Jakobs sei, aber sie scheint mit Joseph erst zu beginnen. Bis hierher hat ihn der Glaube an den Gott Abrahams und Isaaks getragen. Seinen besonderen Ausdruck findet er in dem Ringen Jakobs am Jabbok mit jenem Mann: „Ich lasse dich nicht, du segnest mich denn!" Und er war gesegnet, in all den Mühen und Übeln, die ihm begegneten, stand Gott ihm bei. Und doch ist keine biblische Person so missverstanden worden wie Jakob. Da Gott keine Lügner und Betrüger liebt, muss das Handeln Jakobs anders beurteilt werden. Am Ende seines wechselvollen Lebens bekennt er, dass Gott immer mit ihm war, ja ihn geweidet hat. Die Schrift lehrt uns an dem Beispiel Jakob/Esau, was ein geistlicher Mensch und was ein fleischlicher ist, wie geschrieben steht: „Den Jakob habe ich geliebt, aber den Esau habe ich gehaßt" (Röm.9,13).

Auch Josephs Leben ist ein deutlicher Beweis für den unerschütterlichen Glauben an den, Der durch alle Tiefen hindurchführt und heraushilft. Stephanus erzählt die Geschichte dem Synedrium noch einmal in kurzen Zügen: „Die Patriarchen, neidisch auf Joseph, verkauften ihn nach Ägypten. Und Gott war mit ihm und rettete ihn aus allen seinen Drangsalen und gab ihm Gunst und Weisheit vor dem Pharao, dem König von Ägypten; und er setzte ihn zum Verwalter über Ägypten und sein ganzes Haus. Es kam aber eine Hungersnot über das ganze Land Ägypten und Kanaan und eine große Drangsal, und unsere Väter fanden keine Speise. Als aber Jakob hörte, daß Getreide in Ägypten sei, sandte er unsere Väter zum ersten Male aus. Und beim zweiten Male wurde Joseph von seinen Brüder wiedererkannt..." (Apg.7,9-18).

Doch nun zum Anfang der Geschichte, der so entscheidend war für seinen weiteren Weg: „... Joseph weidete die Herde mit seinen Brüdern." Er war mit siebzehn Jahren der Jüngste unter den Schafhirten der Söhne Jakobs, sie weideten die Herde ihres Vaters, aber ihre Gesinnung war geteilt. Das hatte auch mit den verschiedenen Müttern zu tun, was wir schon aus der Geschichte Sarahs und Hagars und ihrer Söhne Isaak und Ismael wissen. Bei den Brüdern Josephs ist es die negative Einstellung zum Vater, von dem sie hinter seinem Rücken übel sprachen. Der Einfluss ihrer Mütter, die sich ja nicht so geliebt wussten wie Rahel, war nicht der beste in Bezug auf Achtung und Ehre ihres Erzeugers. Vater und Mutter ehren galt schon, ehe es in Israel Gesetz wurde. Warum wohl übten sie Kritik an ihrem Vater? War er ihnen zu fromm, zu patriachalisch, zu eng, zu weltfremd? Von Esau, ihrem Onkel, wussten sie, welche Einstellung dieser zur Welt hatte und was er alles seinen Söhnen gestattete, ihnen stand die Welt offen. Aber sie, die Söhne Jakobs, wurden strenger gehalten. Der Gottesdienst in Bethel, wo sie ihre fremden Götter abgeben mussten, war ihnen wahrscheinlich mehr Zwang als Anbetung (35,2).

Wussten sie denn nicht, dass ihr Vater der Segens- und Verheißungsträger von seinen Vätern Abraham und Isaak her war, woran auch ihre Zukunft hing? Die Geschiche der Vorväter scheint sie nicht interessiert zu haben, wie Gott Abraham berufen hatte und ihn segnete. Vom Gericht Gottes an der alten Welt, der großen Flut, wegen der Bosheit der Menschen, und wie Noah und seine Familie gerettet wurden, muss Jakob ihnen erzählt haben. Auch von Sodom und Gomorra, wo Gott Feuer und Schwefel vom Himmel regnen ließ und diese Städte vernichtete. Alle diese Ereignisse scheinen wenig Eindruck auf sie gemacht zu haben, um Gott zu fürchten und die Würde ihres alten Vaters gebührend zu achten. Hatten sie nicht erfahren, dass die Familie Jakob unter dem besonderen Schutz Gottes stand? Niemand durfte sie bedrücken und antasten (Ps.105,12-15). Häufig vergessen das Kinder gottesfürchtiger Eltern, welche Bewahrung sie genießen.

Eine gläubige Familie steht unter dem besonderen Segen Gottes, und Kinder, die ihren Eltern gehorchen, haben die Verheißung, dass es ihnen wohlgehen wird. Durch die Familie werden der Glaube, die Werte und Grundsätze der Eltern und Vorelter an die nächste Generation weitergegeben. Bei Timotheus waren es die Großmutter und Mutter, die ihm den Glauben vermittelten, er kannte von Kind auf die heiligen Schriften (A.T.), „die vermögend sind, dich weise zu machen zur Seligkeit" (2.Tim.1,5; 3,15).

In dieser guten Tradition erleben wir heute einen Bruch: Der Glaube wird nicht mehr weitergegeben, im christlichen Abendland verkommen Sitte und Moral zur Spaß- und Subkultur. Kinder ehren nicht mehr ihre Eltern, ja üben Kritik am Vater, versagen der

Mutter den Gehorsam. Das ist die Situation auch in vielen christlichen Familien heute. Wer die eigenen Eltern nicht ehrt, die er gesehen hat, wie kann er dann Gott ehren, den er nicht sieht? Unter den zehn Geboten im biblischen Grundgesetz, das für die ganze Menschheit gilt, heißt es im fünften Gebot: „Ehre deinen Vater und deine Mutter ...“ (2.Mo.20,12). Dieses zu verachten, ist eine schwere Sünde. Damit fängt alles Übel an, sowohl in der Welt als auch im Volke Gottes; die jungen Leute wollen die Emanzipation, die Selbstbefreiung von aller Tradition, und gehen ihre eigenen Wege, beklagen sich aber, sie würden nicht geliebt von Vater und Mutter.

Das größte Problem ist der biblische Analphabetismus in Kirche und Gemeinde. Man kennt zwar die biblischen Geschichten, aber allgemein fehlt der wirkliche Bezug dazu, man versteht die Texte nicht und deren Sinngehalt, es mangelt am geistlichen Verständnis der Schrift, am Gesetz und den Propheten fast gänzlich. An vertiefender geistlicher Literatur besteht kaum noch Interesse, lieber liest man unterhaltsame Bücher. Im übrigen interessiert man sich mehr für die Ereignisse in der Welt, die Tagespolitik, Mode, Sport, Fortkommen im Beruf, Geld etc., als für die Bibel. Die Flut der Informationen lässt kaum Zeit für Muße und sinnende Gedanken. Man kann einfach nicht beides, über Gottes Wort sinnen und unaufhörlich mit dem Smartphone spielen und womöglich auf fremden Seiten surfen. Wie sollte da die Jugend anders gesinnt sein? Wir wissen eigentlich gar nicht, welchen Goldschatz wir in Händen haben.

Joseph war ein Jüngling, der um die Dinge besorgt war, die seinen Vater beschäftigten, nämlich göttliche Dinge. Auch David war ein solcher, ebenso Daniel und seine Freunde und manch andere nachahmenswerte Beispiele, die das „suchten was droben ist, wo der Christus ist, sitzend zur Rechten Gottes“ (Kol.3,1). Das bildete ihre Gesinnung und ihr Reden. Nicht so die Brüder, mit denen Joseph täglich zusammen war. Was er von ihnen hörte, ihre Interessen, ihre weltlichen Gespräche, ihr Betragen muss ihm zuwider gewesen sein. Davon hat er nicht seinem Vater erzählt, er wollte sie nicht wegen ihrer Streiche, Diebereien und was sonst Jungen treiben, anschwärzen, um sich selbst in ein gutes Licht zu stellen. Nein, viel Schlimmeres taten sie, sie beschädigten das Bild des Vaters, sie stellten seine Autorität infrage. Das hat ihn abgestoßen, ja so sehr verletzt, dass wir lesen: „Joseph hinterbrachte ihrem Vater die üble Nachrede von ihnen". Moralisch Schlechtes konnten sie Jakob nicht nachsagen, er wandelte mit Gott. „Du weißt nicht, Vater", mag Joseph gesagt haben, „wie einige deiner Söhne über dich denken. Du seiest nicht offen, zu hart, gesetzlich, gingst zu wenig auf deine Kinder ein, erlaubtest ihnen nichts, wärest rückständig." Wenn in einer Gemeinde verschiedene Einstellungen zu Erziehung, Bildung und Berufswahl bestehen, obendrein die Schule das Vertrauen der Kinder zu ihren Eltern untergräbt, kommt das heraus, was die Söhne Jakobs sich erlaubten: Kritik an den eigenen Eltern. Wenn die Ehrfurcht fehlt, kann man auch keine Liebe empfangen, es fehlt dann die Antenne dafür. Das ist so bei Menschen wie bei Gott. Jakob hat sie nicht für ihre Kritik gestraft, er war betrübt.

„Joseph, mein Sohn, denkst du denn auch so?" „O nein, Vater, ich habe dich lieb. Meine Mutter war deine Geliebte, sie hat mich Ehrfurcht gelehrt, alles aus Liebe und Dankbarkeit für dich zu tun wie sie selbst es tat, die Arbeit gewissenhaft zu erledigen, ehrlich und treu zu sein. Ich möchte einmal in deine Fußstapfen treten und wie du im Glauben wandeln. Dein Gott ist auch mein Gott geworden". So mag Joseph gesprochen haben. Nur so ist verständlich, dass „Israel Joseph lieber hatte als alle seine Söhne". Er war sein Trost in seinem Alter, die anderen sein Kummer. Dass ein Kind, Sohn oder Tochter, zu welchem Vater und Mutter ein besonders inniges Verhältnis haben, weil eine Geistes- oder Seelengemeinschaft besteht, den übrigen ein Dorn im Auge ist, ist leider oft so. Diese Spannung war auch in der heiligen Familie in Nazareth wegen Jesus, denn auch seine Brüder glauben nicht an ihn.

Als Jesus in den öffentlichen Dienst trat, wurde Ihm der Himmel aufgetan und eine Stimme erscholl: „Du bist mein geliebter Sohn, an dir habe ich Wohlgefallen gefunden" (Luk.3,22). Es gab zu jener Zeit keinen zweiten Menschen, an dem Gott ein solches Gefallen gehabt hätte, auch wenn sie dem Gesetz treu dienten und gerecht waren. Denn „dem, der wirkt, wird der Lohn nicht nach Gnade zugerechnet, sondern nach Schuldigkeit" (Röm.4,4). Es geht um das Herz, David war ein Mann nach dem Herzen Gottes, und darum geliebt. Von Daniel hieß es sogar, „du bist ein Vielgeliebter" (Dan. 9,23).

Jesus war der „Eingeborene vom Vater, voller Gnade und Wahrheit" (Joh.1,14). Schon als Zwölfjähriger sagte er: „Wußtet ihr nicht, daß ich in dem sein muß, was meines Vaters ist?" (Luk.2,49). Zum Zeichen seiner Liebe zu Joseph machte Jakob ihm einen langen Leibrock. Das war ein bis auf die Knöchel reichendes (Unter)Kleid mit Ärmeln und farbigen Rändern, das nur Vornehme trugen. Getreu dem Vorbild trug auch Jesus einen Leibrock, mit dem es seine besondere Bewandtnis hatte. „Der Leibrock war ohne Naht, von oben an durchweg gewebt" (Joh.19,23). Dies wies Jesus als vornehmen Mann aus. Wenn er sich den Menschen zuwandte, sogar mit ihnen aß, empfand man das als eine Gunst eines Hochgestellten, was Ihm Zugang zu den Herzen verschaffte. Männer Gottes von hoher Herkunft machten es wie der Meister und erniedrigten sich selbst. Natürlich darf man Kleidung nicht überbewerten, aber allzu locker, in verwaschenen Jeans und offenem Hemdkragen, erheischt ein Knecht des Herrn nicht gerade Ehrfurcht, wenn er meint, sich damit dem Milieu anpassen zu müssen. Es muss nicht mit Kragen und Schlips sein, was heute eher Distanz bedeutet. Pfarrer Wilhelm Busch hat sich nicht gescheut, mit den Kumpels auf du und du zu sein, aber er blieb immer noch sichtbar der Pfarrer. Seine Erfahrungen sind unschätzbar und ersetzen viele andere Bücher, die aus den biblischen Gestalten einen Roman machen. Emmerich sagt, wir brauchen eigentlich nur zwei Bücher: Die Bibel und „Jesus unser Schicksal".

Bei Joseph weckte der Leibrock den Neid der Brüder, sie hassten ihn jetzt und vermochten ihn nicht zu grüßen. Bei den Pharisäern war es ähnlich, sie hassten Jesus, weil die Volksmengen Ihm nachliefen. Auch sie trugen lange Gewänder, aber nur zum Schein; ihr frommes Getue war dem Volke zuwider. Es wird Zeit, dass die Geistlichkeit, die Würdenträger der Kirche ihre Gewänder ablegen und sich sozial anpassen, wenn ihr Wort noch etwas gelten soll. Joseph hat sich nicht eingebildet, etwas Besonderes zu sein, er trug den Leibrock in der Gnade, der Liebe seines Vaters gewiss zu sein. Das war es auch bei Jesus. „Darum liebt mich der Vater, weil ich allezeit das ihm Wohlgefällige tue" (Joh.8,29.

JOSEPHS TRÄUME

Als die Bibel noch nicht geschrieben war, redete Gott direkt mit den Menschen, sei es durch persönliche Begegnungen und Weisungen oder durch Träume und Gesichte. Wie Jakob hatte auch Joseph einen Traum. Weil er der liebe Sohn des Vaters war, war er auch von Gott geliebt, so dass Gott ihm ein großes Geheimnis offenbarte. Er sollte einmal zum Segen seiner ganzen Familie werden. Ganz unbefangen teilte Joseph seinen Brüdern seinen Traum mit: „Siehe, wir banden Garben auf dem Felde, und siehe, meine Garbe richtete sich auf und blieb auch aufrecht stehen; und siehe, eure Garben kamen ringsum und verneigten sich vor meiner Garbe". O, das hörte sich ja an, als wolle er über sie herrschen. Das war aber ganz gewiß nicht Josephs Traum; überhaupt wird er über die Bedeutung noch nicht weiter nachgedacht haben, ihm war eher der Traum wunderlich. Die Schlüsse, die seine Brüder daraus zogen, kamen aus ihrer schlechten Gesinnung. Darum hassten sie ihn noch mehr. Jakob mag der Traum an sich nicht befremdet haben, da ja auch er einmal einen lebhaften Traum hatte, als er vor seinem Bruder Esau floh. Eine Leiter war von der Erde bis an den Himmel gestellt, Engel Gottes stiegen an ihr auf und nieder. Er hätte so in den Himmel steigen können, womit Gott ihm zeigt, dass er auf dem richtigen Wege war: „Ich bin mit dir, und ich will dich behüten überall, wohin du gehst" (1.Mo.28,11-15).

Auch ich hatte bei der Suche nach dem Weg der Wahrheit in der Schrift einen traumhaften „Traum", mir wurde der alttestamentliche Hintergrund der Sendschreiben erleuchtet. Diese Entdeckung erfüllte mich so stark, dass ich sie meinen Brüdern erzählen musste. Die Reaktion war ähnlich wie bei Joseph: Die einen waren begeistert über diese neue Sicht, die anderen kündigten mir die Gemeinschaft; zutiefst waren sie verletzt, dass ich ihre überkommene Prophetie, die ihr ganze Sicherheit und ihr Stolz war, infrage stellte.

Der Traum Josephs handelte nicht von Schnittern, die auf dem Felde Getreide abmähen. Das Gleichnis vom Unkraut im Acker wäre hier nicht passend (Matth.13). Denn man kann die Brüder nicht als Gesetzlose ansehen. Vielmehr geht die Deutung des Traumes dahin, dass wir außer Jesus nichts tun können. Nur in der Abhängigkeit von Ihm können wir leben und alle Krisen überstehen. Garben, Getreide, Brot – Gott wollte Joseph zum Brot des Lebens machen, für die Seinen und die ganze Welt. Im Gegenbild finden wir das buchstäblich bei der Speisung der fünftausend, woran Jesus anknüpft und auf die geistliche Speise hinweist: „Ich bin das Brot des Lebens: wer zu mir kommt, wird nicht hungern, und wer an mich glaubt, wird nimmermehr dürsten" (Joh.6).

Völlig arglos erzählt Joseph seinen Brüdern noch einen zweiten Traum: „Siehe, die Sonne und der Mond und elf Sterne beugten sich vor mir nieder". Das deutete klar auf Vater und Mutter und seine elf Brüder hin, wie Jakob sofort erkannte und Joseph dieserhalb schalt. Seine Brüder machte es eifersüchtig, „aber sein Vater bewahrte das Wort". Irgendwie ahnte Jakob hier einen Plan Gottes für die Zukunft, sollte Joseph einmal sein Sonnenschein werden? Ein Licht für viele, eine Sonne am Tage, ein Stern in der Nacht. Offenbar spielte sich hier etwas Geheimnisvolles ab. Ein Größerer als Joseph sollte die Träume für die ganze Menschheit zur Erfüllung bringen, wie Er gesagt hat:

„ I c h bin das Licht der Welt; wer mir nachfolgt, wird nicht in der Finsternis wandeln, sondern wird das Licht des Lebens haben" (Joh.8,12). Und: „ I c h bin die Wurzel und das Geschlecht Davids, der glänzende Morgenstern" (Offb.22,16).

Als ich meinen Brüdern meinen zweiten „Traum" erzählte, da war es ganz aus, einige konnten mich nicht mal mehr grüßen. Sie gingen an mir vorbei, als würden sie mich nicht kennen. Was hatte ich getan? Die Deutung der Siegel fiel ganz anders aus, als wir gelehrt und überzeugt waren. Während sie, und alle Evangelikalen sind sich darin einig, die ersten vier Siegel so auslegen, als kündeten sie den Weltuntergang an, zeigte ich ihnen mit dem Königtum Israels den Sonnenaufgang. Nicht Teuerung, sondern Behebung der Hungersnot sagt das dritte Siegel aus (2.Kön.7). Man sollte sich nicht über eine andere Erkenntnis ärgern, sondern einmal nachdenken und prüfen, ob dies sich also verhält. Eifersucht und Stolz sind schlechte Berater.

Wie an Joseph sollte auch alles an Jesus hängen. Es sind so erstaunlich viele Parallelen. Hier schon, in diesen beiden Träumen, für Joseph noch nicht fassbar, liegt die ganze Glückseligkeit, die Jesus in der Bergpredigt verheißt: Arme sollen reich werden, Trauernde getröstet, Hungrige gesättigt..., „freuet euch und frohlockelt, denn euer Lohn ist groß in den Himmeln" (Matth.5,1-12). Entscheidend war, wie man zu Ihm stand. Wie bei Joseph erlebte es buchstäblich Jesus, „auch seine Brüder glaubten nicht an ihn" (Joh.7,5). Für die Pharisäer und Schriftgelehrten war Jesu Rede und Sein Anspruch das große Ärgernis, und noch immer ist es das, wenn jemand etwas lehrt, was nicht in ihre Vorstellung passt, obwohl es das Zeugnis der Schrift ist. Die Verheißungen erfüllen sich an jedem Glaubenden, da Jesus verherrlicht im Himmel ist, auf daß er alles erfülle. Dispensationalisten verschieben die Verheißungen Israels in ferne Zeiten, die Bergpredigt sei für Israel im 1000jährige Reich und nicht für uns. Wer anders lehrt, gilt für sie als Irrlehrer, von dem man sich trennen muss. Doch sie irren, wenn sie mit Israel am Kreuz vorbeigehen und eine andere Herrlichkeit als die in Christus verheißene erwarten.

Meine Brüder träumen von einem Paradies, einem Traumreich auf Erden, in dem Jesus der Herrscher sein werde und sie mitherrschen. In ihren Auslegungen scheint gerade die Geschichte Josephs diese natürliche Vorstellung zu nähren. Aber es bleibt ein Traum, eine Utopie, weil, anders als bei Joseph, „mein Reich nicht von dieser Welt ist" (Joh.19,36), und Jesu Brüder andere sind, nicht die Juden, es sei denn, sie glauben an Ihn. Dann gehören sie zur Gemeinde, zum Leib Christi wie wir. Nun bin ich ihr Joseph, weil ich die Offenbarung Jesu Christi anders deute als sie, ihre „natürliche" Sichtweise kann ich nicht teilen und sie nicht meine.

ICH SUCHE MEINE BRÜDER

„Und seine Brüder gingen hin, um die Herde ihres Vaters zu weiden zu Sichem". Diesmal ist Joseph nicht mit ihnen gezogen. Es bedarf keiner Erklärung, warum sie ihn nicht dabei haben wollten. Einen Aufpasser wollten sie nicht. Bei der fleischlichen Gesinnung seiner Söhne sorgt sich Jakob um ihr Wohl und das Wohl der Herde. Werden sie auf dem Weg bleiben? Wird die Herde auf gute Weide geführt werden? Werden sie sich des einzelnen kranken oder hinkenden Schafes annehmen, oder gleich die Hunde auf ein abgeirrtes hetzen? Um das zu erfahren, sendet er Joseph. „Komm, daß ich dich zu ihnen sende! Und er sprach zu ihm: Hier bin ich." Joseph war sofort bereit zu gehen, obwohl er weiß, dass sie über sein Erscheinen nicht erfreut sein werden. Musste er nicht bei dem Hass der Brüder Gewalt von ihnen befürchten, wie sie vorher an Sichem geübt hatten? Aus Liebe zu seinem Vater geht er, die Liebe zu seinen Brüdern treibt ihn. Doch er findet die Brüder nicht in Sichem. Damit wäre sein Auftrag erledigt gewesen, er hätte nach Hause zurückkehren können. Aber es treibt ihn weiter um, „er irrte auf dem Felde umher. Und ein Mann fragt ihn: Was suchst du?" Der Mann muss es ihm angesehen haben. „Und Joseph sprach: Ich suche meine Brüder". Der Mann sagt: „Ich hörte sie sagen: Laßt uns nach Dothan ziehen! Da ging Joseph seinen Brüdern nach". Was liegt in diesen Worten, „Ich suche meine Brüder"? Er geht ihnen nach.

Die gleiche Geschichte der Suche nach den „verlorenen Schafen des Hauses Israel" finden wir bei Jesus in den Evangelien, und sie setzt sich im Dienste der Apostel fort und bis heute, weil die Gesuchten, auch die Brüder, sich in den Dingen der Welt verloren haben. „Lasst uns nach Dothan ziehen!" ist immer noch aktuell. Dothan, eine Stadt am großen Handels- und Karawanenweg von Damaskus nach Ägypten, steht für die Dinge der Welt, für Erfolg, Geschäfte, Wohlstand etc. „Wohlan denn, die ihr saget: Heute oder morgen wollen wir in die und die Stadt gehen..." (Jak.4,13). Dahin zieht es viele, auch die Hirten, aber das Wohl der Herde Gottes wird nicht bedacht. Etliche meinen, „die Gottseligkeit sei ein Mittel zum Gewinn" (1.Tim.6,5). Die Stadt missionieren wäre noch löblich, obwohl heute ziemlich erfolglos. Aber wichtiger wäre, die Brüder zu suchen. Schwierig, wenn man nicht ihre Lehrauffassungen oder ihre Lebenseinstellung teilt. Weltliebe und Geldliebe machen nicht zugänglich für die Wahrheit.

Als die Brüder Josephs ansichtig werden, ersinnen sie gegen ihn einen Anschlag, sie wollen ihn töten. „Siehe, da kommt der Träumer! So kommt nun und laßt uns ihn erschlagen und in eine Grube werfen, und wir wollen sagen: ein böses Tier hat ihn gefressen; und wir werden sehen, was aus seinen Träumen wird". Auf diese Weise glauben sie, die Weissagung zunichte zu machen.

Wie oft lesen wir von Jesus, „da suchten die Juden ihn zu töten" (Joh.7,2). Sie glaubten ebenso wie die Brüder Josephs, wenn wir Jesus umbringen, erfüllen sich seine Worte und Weissagungen nicht. Auch Paulus war ständig von seinen Brüdern, den Juden bedroht. Und ebenso ging von der Kirche des Mittelalters gegen die Jünger Jesu ständig Gewalt aus. Heute muss der Zeuge Jesu von kirchlicher oder staatlicher Seite nicht mehr um sein Leben fürchten, der freiheitlich-demokratische Rechtsstaat schützt seine Bürger, und der Humanismus hat die Menschenrechte auf seine Fahne geschrieben. Die Brüder würden keinen umbringen, so weit würden sie nicht gehen, ja weit von sich weisen. Aber ihre falsche buchstabistische Deutung der Offenbarung verrät eine vergeltungssüchtige Gesinnung. Denn der Buchstabe tötet, sei es der des Gesetzes oder die Gerichtsdrohungen der Propheten, die sich später noch an Israel und der Welt erfüllen sollen.

Es gibt andere Mittel, um jemand aus dem Wege zu schaffen und zum Schweigen zu bringen. „In eine Grube werfen" heißt so viel wie einen Grund suchen, den man dann auch findet. Bei Jesus stellten sie falsche Zeugen auf: „Wir hörten ihn sagen..." (Mark.14,58), oder bei Stephanus: „Wir haben ihn Lästerworte reden hören wider Moses und Gott" (Apg.6,11). Bekannte Beschuldigung in allen Kirchenprozessen war Häresie, bei willkürlichen Gemeindeausschlüssen ist es Hochmut, falsche Lehre oder Eigenwilligkeit. Um einen ungerechten Ausschluss zu rechtfertigen, wird oft nachträglich über ihn hergezogen, man lässt nichts Gutes an einem solchen. Das ist leider aktuelle Brüdergeschichte. Wer sich ihnen nicht beugt oder sie gar belehren will, wird hinausgeworfen. Damit werfen sie aber auch Jesus mit hinaus, der dann von außen kommen muss und nochmal einen Versuch wagt: „Siehe, ich stehe an der Tür und klopfe an" (Offb.3,20). Vielleicht hört Ihn jemand drinnen. Zwar erwarten alle die Wiederkunft Jesu, aber nur einige wenige Seelen haben ein Ohr für das Reden des Geistes. Wir werden das auch in dieser Geschichte sehen.

Bei Ruben ist noch ein menschliches Rühren, er sucht den bösen Plan zu vereiteln und errettet Joseph aus ihrer Hand. Er wollte nicht mitschuldig werden am Blute seines Bruders; vor allem dachte er daran, was das für den Vater wäre. Gott sei Dank! gibt es Brüder, die noch Mitfühlen und einen Gerechtigkeitssinn haben. Bei Jesus waren es Nikodemus und Joseph von Arimathia (Joh.7,50; 19,38). Sie konnten zwar die Kreuzigung nicht verhindern, aber sie waren nicht mitschuldig.

Eine weitere Möglichkeit, um den unbequemen Mahner loszuwerden, ist ihn als Sklave zu verkaufen. Bei Jesus waren es dreißig Silbersekel, „ein herrlicher Preis, dessen ich von ihnen wertgeachtet bin" (Sach.11,13). Mit Lebenden kann man das heute nicht mehr machen, aber mit antiquierten Büchern. Was soll man noch mit den Werken der Reformatoren anfangen, ihrer Lehre vom Reich Gottes, dass es nur ein auserwähltes Volk Gottes gibt, ein wahres Israel, eine letzte Verantwortung für alle im jüngsten Gericht etc. Die dispensationistischen Brüder haben sich dessen allem entledigt, ein unlauterer Handel mit kostbarem Glaubensgut. Ein Ruben ist darüber erschüttert, „der Knabe ist nicht da, und ich, wohin soll ich gehen?" Man weiß tatsächlich nicht mehr, in welche Gemeinde man gehen soll.

Wo nur die halbe Wahrheit gepredigt wird, hat man auch nur das halbe Kreuz. Die Verbindung zu Gott wird weiterhin festgehalten, aber das Querholz ist teilweise oder ganz abgesägt. Das betrifft die Gemeinschaft der Kinder Gottes, die Einheit des Leibes, die ungeheuchelte Bruderliebe, mit Auswirkung auf die Gebete und das Brotbrechen, das Gedächtnis an den Tod Christi. Alles Heuchelei? Es würde dem in Blut getauchten Gewande Josephs entsprechen, womit der Vater getäuscht wurde: „Der Leibrock meines Sohnes – ein böses Tier hat in gefressen, Joseph ist gewißlich zerrissen worden!" Das böse Tier war in den Brüdern. Das Tier in der Offenbarung hat sogar die Heiligen überwunden, es soll keine echten Gläubigen mehr geben.

Hier müssen wir einen Moment innehalten. Die Kreuzeszene lief ähnlich ab wie bei Joseph, und sie wiederholt sich ständig, „indem sie den Sohn Gottes für sich selbst kreuzigen und ihn der Schmach preisgeben" (Hebr.6,6). Joseph musste nicht sterben, es fand sich ein stellvertretendes Opfer, ein Ziegenbock wurde geschlachtet, ein Hinweis auf Jesus, das Lamm Gottes. Das „in Blut getauchte Gewand", mit dem der Reiter auf dem weißen Pferd in der Offenbarung bekleidet ist (Offb.19,13), will an das Gewand Josephs erinnern – bei Jesus ist es sein eigenes Blut. Zwar haben die Kriegsknechte nicht seinen Leibrock in Blut getaucht, wofür und für wen auch, denn jeder sah, dass Jesus aus allen Wunden blutete, am Kopf, an den Händen und Füßen; und als Jesus schon gestorben war, durchbohrte einer der Kriegsknechte seine Seite, "und alsbald kam Blut und Wasser heraus. Und der es gesehen hat, hat es bezeugt, und sein Zeugnis ist wahrhaftig; und er weiß, daß er sagt was wahr ist, auf daß auch ihr glaubet" (Joh.19,34.35).

Die Brüder deuten das Blut als das der Feinde, die Jesus mit dem scharfen Schwert töten würde. Wenn man den Vater und den Sohn kennt, ist diese Deutung nicht so recht glaubwürdig. Er, der Sein Leben für uns gab, als wir noch Feinde waren, sollte sich am Ende an den Feinden blutig rächen? Typische Denkweise der Fleischlichen, die nicht den Geist der Liebe haben und daher mit Andersgesinnten so unbarmherzig umgehen, skrupellos Trennungen verursachen, ganze Gemeinden spalten und unsägliches Leid über betroffene Seelen und ganze Familien gebracht haben. Darüber wird später noch gesprochen werden müssen.

Vater Jakob ist untröstlich über den Verlust seines lieben Sohnes. Es bleibt für ihn ein mysteriöser Unfall. Waren die Brüder daran beteiligt, er traute ihnen alles zu. Seine einzige Hoffnung war nun zerstört, er war hinfort ein gebrochener Mann, der sich nie mehr freuen konnte. Schlimm ist, dass seine Söhne und Töchter so tun, als würden sie mittrauern. Den Brüdern war nicht bewusst, was sie ihrem Vater und Bruder angetan hatten.

Der Schmerz der Trennung zwischen Vater und Sohn kommt auch in dem Schrei Jesu „mein Gott, mein Gott, warum hast du mich verlassen", zum Ausdruck. „Die Volksmenge, die zu diesem Schauspiel zusammengekommen waren, schlug sich an die Brust und kehrten zurück" (Luk.23,48). Wir verstehen, wie den Jüngern zumute war, als Jesus ans Kreuz geschlagen wurde, wie er starb und begraben wurde. Für sie brach ihre ganze Hoffnung zusammen. „Wir hofften, dass er der sei, der Israel erlösen solle" (Luk.24,21). Und die Brüder heute? Viele beklagen und bedauern die Spaltungen unter den Gläubigen, obwohl sie selbst daran beteiligt sind oder zumindest es schweigend hinnehmen; an eine Wiederbelebung der Einheit des Leibes glauben sie nicht.

Joseph ist nicht in der Grube geblieben, und Jesus nicht im Grabe. Er lebt! Gott wachte über Seinem Knecht, er kam in Ägypten in gute Hände. Bevor seine Geschiche weiter verfolgt wird, ist ein langes Kapitel aus dem Leben Judas eingefügt, der in der Endszene noch eine entscheidende Rolle spielen wird.

Gottes Wege sind höher als unsere Wege und Seine Gedanken als unsere Gedanken (Jes.55,6-9). Das Verhalten der Söhne Jakobs gegenüber ihrem Bruder Joseph wurde nach Gottes Plan der Anlass für ihr Hinabziehen nach Ägypten. Ihre brutale Handlungsweise holt sie wieder ein, sie mussten schmerzliche Erfahrungen durchmachen, wie wir in den weiteren Kapiteln noch erfahren. Auch Joseph musste noch einen Läuterungsweg gehen, ehe sich die Träume erfüllten. Außer dem Menschen war auch Gottes Hand in allen diesen Dingen. Er behält es sich vor, aus dem Bösen Gutes hervorkommen zu lassen. Mochten auch die Brüder ihren Bruder den Händen der Ismaeliter ausliefern, mochten auch die Ismaeliter ihn an Potiphar verkaufen und dieser ihn ins Gefängnis werfen – der HErr stand über allem und benutzte alle diese Umstände, Seine großen Ziele zu erreichen. Dies alles ist sehr interessant, aber statt Joseph steht uns das Bild Jesu Christi vor Augen, der verworfen wurde, gelitten hat, gekreuzigt wurde und auferstanden ist und jetzt verherrlicht ist. Joseph ist in allem ein großes und wohl das schönste und klarste Vorbild von Jesus. In seinem Verhalten ist kein Fehltritt vermerkt. Nicht dass er als Mensch tadellos gewesen wäre, sozusagen ohne Sünde – das war nur E i n e r . Aber der Heilige Geist hat uns ein makelloses Bild von Joseph aufzeichnen lassen, damit es ein klares Vorbild von Christus ergäbe.

Gehasst, verkauft und vergessen

„Ein Sklave Jesus Christi…" (Röm. 1,1)

Wir verlassen hier die Brüder. Mit dem Handelszug der Ismaeliter verlor sich für sie jede Spur von Joseph. Wohin die Ismaeliter ihn gebracht hatten, wußten sie nicht, interessierte sie auch nicht mehr. Ihm trauerte keiner der Brüder nach, vielleicht noch Ruben. Die Kausa Joseph war für sie erledigt. Ähnlich war es mit Jesus, der „Verführer" war für die Juden tot, Seine Auferstehung durfte nicht wahr sein. Sein Name wurde bei ihnen nicht mehr erwähnt, ihre Chronik ignoriert ihn vollständig. Nur der Geschichtsschreiber Josephus hat über Jesus berichtet, was aber von einigen Historikern angezweifelt wird.

Verwunderlich ist das nicht. Hat die römische Kirche es je anders gemacht mit „Ketzern"? Hat sie etwa Jan Hus, Wycliff oder Luther in ihren Annalen ein Denkmal gesetzt? Nicht anders wurde mit treuen Dienern Gottes im Evangelikalismus verfahren. Ist einmal der Mahner aus der Gemeinde ausgestoßen, wird auch der Name gelöscht wie man eine Adresse im Computer löscht. Niemand erwähnt ihn mehr, selbst diejenigen nicht, die vorher für ihn Partei genommen haben. Begegnet man ihm einmal, dann wie einem Fremden. Selbst leibliche Geschwister gehen an ihm wortlos vorbei, als würden sie ihn nicht kennen. Es ist immer dieselbe Geschichte. „Meiner ist im Herzen vergessen wie eines Gestorbenen" (Ps.31,12).

„Und Joseph wurde nach Ägypten hinabgeführt; und Potiphar, ein Kämmerer des Pharao, der Oberste der Leibwache, ein ägyptischer Mann, kaufte ihn aus der Hand der Ismaeliter, die ihn dorthin hinabgeführt hatten". Mit Joseph im Hause Potiphars sind wir in guter Gemeinschaft. Hier lebte er nach der mörderischen Behandlung der Brüder und den Strapazen der Reise wieder auf. Allein in der Fremde, fern vom Vaterhaus, und dennoch glaubte er an den Gott, der seinen Vätern erschienen war und dem auch er vertrauen wollte. Und er sollte es erfahren, dass er nicht allein gelassen war, denn der HErr war mit ihm. Im Hause Potiphars wartete auf ihn ein segensreicher Dienst. Als sein Herr sah, dass Gott mit ihm war, und Gott alles was er tat gelingen ließ, bestellte er ihn über sein Haus und über alles was er hatte. Der HErr verlässt Seine Knechte nicht, die Ihm dienen. Mögen Menschen sie verstoßen, sie finden ein anderes Betätigungsfeld. Paulus ist es so ergangen, er bezeichnet sich als Sklave Jesu Christi (Röm.1,1). Als man ihm in Jerusalem nach dem Leben trachtete, wurde er nach Tarsus gebracht, dann nach Antiochien. Hier war eine Gemeinde, wo er sich entfalten konnte, die ihn auch aussandte zur Mission unter die Heiden. Sein Evangeliumsdienst hatte großen Erfolg, er machte sich allen zum Sklaven und gründete viele Gemeinden. So wurde er der Apostel des Nationen. Andere Brüder fanden eine Predigtstelle oder wurden in einem Glaubenswerk angestellt oder gründeten ein solches. Treue Knechte Gottes werden nicht arbeitslos.

Ein berufener Sklave Gottes braucht nicht zu grübeln über erlittenes Unrecht. Joseph tat es nicht, sondern packte die neue Aufgabe mutig und tatkräftig an. Er hatte die Möglichkeit, völlig frei und selbständig zu schalten und zu walten und war ein Vorbild und Segen für alle im Hause; um Josephs willen lag der Segen auf allem was der Ägypter hatte. Ist es nicht so, dass Kinder Gottes ein Segen sind in fremden Diensten um Christi willen? Durch ihr Zeugnis, ihr Pflichtbewusstsein, ihre Ehrlichkeit sind sie einfach vertrauenswürdig, was man sonst in der Welt nicht mehr findet. In meiner freiberuflichen Tätigkeit als Buchführungshelfer kam ich in die Häuser, oft war nur die Frau des Firmeninhabers anwesend oder man überließ mir allein das ganze Haus. Da habe ich mich manchmal gewundert, welches Vertrauen man in mich setzte. Oder eine treue Schwester im Herrn als „Putzfrau" im Hause von reichen Ungläubigen wirkt vertrauenswürdig; man gibt ihr sogar den Hausschlüssel.

Diener Gottes sind jedoch auch Versuchungen ausgesetzt, besonders vom weiblichen Geschlecht. Frauen neigen dazu, gern gehörte Prediger zu verehren und gar anzuhimmeln. So widerfuhr es Joseph, „er war schön von Gestalt und schön von Aussehen". Ein sanftes, demütiges Wesen, das ist wahre Schönheit. Das Weib Potiphars hatte ein Auge auf ihn geworfen und versuchte immer wieder, ihn ins Bett locken, wenn sie allein waren. Da muss ein Mann schon fest sein, vor allem fest im Glauben stehen. Paulus ermahnt den jungen Timotheus, „sei ein Vorbild der Gläubigen, in Wandel, in Liebe, in Glauben, in Keuschheit ... fliehe die jugendlichen Lüste" (1.Tim.4,12; 2.Tim.2,22). Auch Joseph war noch jung, aber er widerstand der Versuchung, weil er Gott fürchtete; er wollte nicht sündigen. „Wodurch wird ein Jüngling seinen Pfad in Reinheit wandeln? Indem er sich bewahrt nach deinem Worte" (Ps.115,9). Der Vorsatz allein genügt nicht, „fürchte Gott und weiche vom Bösen" (Spr.3,7).

Eine Verführung ganz anderer Art war in Thyatira, das Weib Jesabel „lehrt und verführt meine Knechte, Hurerei zu treiben und Götzenopfer zu essen". Gemeint ist die geistliche Hurerei mit der Welt; Augenlust und Hochmut haben schon manchen Evangelisten auch buchstäblich zu Fall gebracht. „Übrigens sucht man hier an den Verwaltern, das einer treu erfunden werde"(1.Kor.4,2). Da Joseph auch in dieser Situation mit Jesus zu vergleichen ist, finden wir heute seitens der Gemeinden auch den Versuch, mit Jesus Hurerei zu treiben. Wie ist das möglich? Besonders in charismatischen Gemeinden ist man sehr verliebt in Jesus. Jesus, Jesus, Jesus schwärmen und singen sie immerzu, möglichst auf Englisch, aber da steckt keine Wahrheit drin, nur Seelisches und weltlicher Sinn. Eben solche Gefühlsergüsse sind ihre Gebete, ständig beten, um heiliger zu werden, hingegebener, vollkommener, aber weil auf Gefühle und Selbstbetrachtung aufgebaut, wird daraus nichts Fruchtbares. Würden sie doch still beten, im Geist, und die Herrlichkeit des Herrn anschauen, würde die Verwandlung in das Bild Christi unmerklich, sozusagen von selbst geschehen (2.Kor.3,18). Das hätte man auch den Brüdern Josephs raten können: Schaut doch mal Joseph neidlos an, so werdet ihr wie er. Der charismatische Geist erlaubt das nicht, weil er ein fremder Geist ist, ein Geist der Eifersucht, so fremd wie für Joseph der Geist des Hauses Potiphar. Wir werden nachher sehen, wie die Frau und auch ihr Mann, der Herr des Hauses, auf ihn reagieren.

Joseph war schön, Jesus ist schöner! wird jeder sagen, der sich für Ihn entschieden hat. „Du bist schöner als die Menschensöhne, Holdseligkeit ist ausgegossen über deine Lippen ...". Soweit so gut. Wird man ihn auch dann noch schön finden, wenn Er von dem Schwert des Wortes Gottes Gebrauch macht? Denn das Schwert aus Seinem Munde ist ein scharfes, zweischneidiges Schwert (Offb.2,12.16). „Gürte dein Schwert um die Hüfte, du Held, deine Pracht und deine Majestät! Und in deiner Majestät ziehe glücklich hin um der Wahrheit willen und der Sanftmut und der Gerechtigkeit; und Furchtbares wird dich lehren deine Rechte ... Gerechtigkeit hast du geliebt und Gesetzlosigkeit gehasst" (Ps.45). Jesus hat mit Gesetzlosigkeit und Sünde nichts zu tun, und „die Sünde ist die Gesetzlosigkeit" (1.Joh.3,4). „Sollten wir in der Sünde verharren, auf daß die Gnade überströme? Das sei ferne!" (Röm.6,1). Dagegen zieht Paulus das Schwert.

Lieber wählte Joseph die Flucht, als sich mit dem lüsternen Weib einzulassen. Übertragen auf eine Gemeinde, in welcher der

41

charistmatische Geist oder sonst ein fremder Geist oder der Geist der Welt herrscht, sichtbar an der schamlosen Mode, ist es besser, die Gemeinde zu verlassen. Selten geschieht das ohne Ausschluss, wenn man die Gemeinde ermahnt. Dann bekomt man die ganze Härte des fremden Geistes, der kein Geist der Warheit und Liebe ist, zu spüren. Einige Male erlebt. Joseph wurde von seinem Herrn aufgrund der falschen Anschuldigung der Frau ins Gefängnis geworfen. Das Blatt kann sich auch wieder wenden und Potiphar beschämen, wie das später geschah. Joseph verfuhr mit ihm gnädiger, als er Herrscher wurde. Die Herkunft des charismatischen (Zungen-)Geistes kann man an 1.Korinther 14 Vers 21 nachverfolgen (Jes.28,11.12), nachdem er seinen Zweck erfüllt hat, wird er wieder verschwinden (Jes.33,19).

Für Joseph war es zunächst eine harte Prüfung, „sein Herr nahm ihn und legte ihn in die Feste, an der Ort, wo die Gefangenen des Königs gefangen lagen". Der Psalmist ergänzt: „Man preßte seine Füße in den Stock, er kam in das Eisen, bis zur Zeit, da sein Wort eintraf; das Wort Gottes läuterte ihn" (Ps.105,18). Echter Glaube kommt in die Prüfung, wird geläutert wie das Gold im Feuer, und wird bewährt. Jesus bedurfte keiner Läuterung, bei Ihm war schon alles reines Gold. Die Prüfung machte es offenbar, denn „er ist in allem versucht worden in gleicher Weise wie wir, ausgenommen die Sünde. Daher vermag er auch völlig zu erretten, die durch ihn Gott nahen" (Hebr.4,15; 7,25).

Doch lieber ganz allein, aber rein. Mit Joseph und Jesus und den geringsten seiner Brüder sind wir auch im „Gefängnis" in bester Gesellschaft (Matth.25,36). Joseph war nicht bei den gewöhnlichen Gefangenen, keine Diebe und Räuber. Es waren prominente Gefangene, königliche Beamte, die beim König in Ungnade gefallen waren. Ein solcher war auch Paulus, er hätte freigelassen werden können, wenn er sich nicht auf den Kaiser berufen hätte. In Rom war er dann in seinem eigenen gemieteten Hause, gebunden an einen Kriegsknecht. Er betrachtete sich als „Gefangener Christi Jesu". Dennoch oder gerade deswegen war er frei, viel freier als mancher freie römische Bürger. Auch als „Gefangener im Herrn" (Eph.3,1; 4,1) war er nicht untätig, er schrieb Briefe an die Gemeinden und einzelne Personen. Seine schönsten Briefe schrieb er aus dem Gefängnis. Vielleicht hat er sich Joseph zum Vorbild genommen. Wahrscheinlich, denn Paulus lebte sehr stark in Vorbildern; immer wieder zitiert er diese aus dem Alten Testament (Hebr.11).

„Und der Herr war mit Joseph und wandte ihm Güte zu, und gab ihm Gnade in den Augen des Obersten der Feste". Sein ruhiges, sanftes Wesen, klug und umsichtig wie er war, muss den Obersten beeindruckt haben. Dieser übergab ihm alle Gefangenen, die in der Feste waren. Joseph war sozusagen der Gefängniswärter geworden, „und alles was daselbst zu tun war, das tat er. Der Oberste sah nicht nach dem Geringsten, das unter seiner Hand war, weil der Herr mit ihm war; und was er tat, ließ der Herr gelingen". Auch hier sehen wir, wie entscheidend es für einen Knecht Gottes ist, zu wissen, dass der HErr mit ihm ist, was sich auch nach außen hin in seinen Worten und Taten zeigt. Würden doch alle betroffenen Knechte Gottes sich dessen bewusst bleiben. „Zeigst du dich schlaff am Tage der Drangsal, so ist deine Kraft gering" (Spr. 24,10).

Wie viele königliche Knechte des HErrn der Herrlichkeit mögen bei den Beherrschern des Volkes Gottes in Ungnade gefallen sein. Von zweien derselben lesen wir im folgenden Kapitel (40).

GUTE UND BÖSE TRÄUME

„GEDENKE MEINER, HERR ..." (PS.106,4).

„Und es geschah nach diesen Dingen ...". Wie lange Joseph schon in Gewahrsam war, ist nicht vermerkt. Es wird ihm nun eine besondere Aufgabe zugewiesen. Zwei neue Gefangene kamen hinzu, es waren hohe Beamte, die beim König in Ungnade gefallen waren und einsitzen mussten. Joseph hatte es offenbar nur mit Obersten zu tun, Potiphar war der Oberste der Leibwache, der Oberste der Feste übertrug ihm die Aufsicht im Gefängnis. Dann die zwei Kämmerer, ebenfalls Oberste, den Obersten der Schenken und den Obersten der Bäcker, die er bedienen sollte.

Was hatten die beiden verbrochen? Einen König zu erzürnen bedurfte es nicht viel, denn sie wurden wie Götter verehrt und hielten sich auch selbst für einen Gott. „Des Königs Schrecken ist wie das Knurren eines jungen Löwen; wer ihn gegen sich aufbringt, verwirkt sein Leben" (Spr.20,4). Der Mundschenk hatte sich vielleicht nicht ehrfürchtig vor dem König verneigt und dabei auch noch den kostbaren Wein verschüttet. Oder er hat sich im Jahrgang vertan. Kann passieren, ist kein Sünde. Irren ist menschlich. Bei dem Bäckermeister war die Sache schon schlimmer, er hat wahrscheinlich vor dem König immer seine Brötchen gerühmt, aus Liebe zum Backen konnte keiner so schöne Torten machen wie er. Das war dem König eines Tages zuviel, ihn ärgerte dieses Selbstrühmen. Da wurden beide Kämmerer kurzerhand von der Leibwache gepackt und in die Feste abgeführt, der eine wegen seiner Unachtsamkeit, der andere wegen seiner Ruhmredigkeit.

Diese beiden prominenten Gefangenen hatte nun Joseph zu bedienen. Wie er das tat, kann nur mit der Wahrheit des Evangeliums erklärt werden. All unsere guten Werke reichen nicht hin, um Gnade zu finden in den Augen Gottes. Es ist eigenes Backwerk. Der Bäckermeister war ganz bestimmt kein schlechter Bäcker, er wäre nicht der Oberste der Bäcker geworden. Dasselbe kann von dem Obersten der Schenken gesagt werden, dem man mit einem guten Bibellehrer und Schriftausleger vergleichen kann. der aber mehr Wein als Wahrheit lehrt, womit er sich den Zorn des Lammes zuzieht. Wein trinken in überreichem Maße die Könige Babylons, sie sind trunken geworden von dem Wein ihrer Hurerei (Offb.17,2; 18,3). Oberste haben die größten Probleme, etwas einzusehen. Wie tief muss einer gedemütigt werden, um nüchtern zu werden und seinen elenden Stolz aufzugeben und Lehre anzunehmen?

Ein Gefängnis kann ein guter Ort sein, um wieder zum wahren unverfälschten Glauben zu kommen. In der Verfolgungszeit in Rußland saßen oft Baptisten mit Pfingstlern, Lutheranern und Katholiken in einer Zelle. Dort war kein Platz, um über Erkenntnisse und Lehren und Sakramente zu streiten, sie fanden zu dem einfachen Glauben an den Herrn Jesus Christus und konnten sogar zusammen das Abendmahl feiern.

Was ist Wahrheit? Was vor 2000 Jahren wahr war und Juden und Griechen gleichermaßen galt, ist auch heute noch genauso wahr für alle Menschen, unterschiedslos, bis an das Ende der Zeit: „Wer da glaubt und getauft wird, wird errettet werden; wer aber nicht glaubt, wird verdammt werden" (Mark.16,16). Daran ändert auch der Wein Jahrgang 1948 nichts, der so viele berauscht hat. Unbelehrbare politische Christen sind noch immer nicht ernüchtert, dass der Staat Israel nicht die Erfüllung biblischer Verheißungen ist noch etwas mit Gottes Volk zu tun hat. „Die Schrift hat alles unter die Sünde eingeschlossen, auf daß die Verheißung aus Glauben an Jesum Christum denen gegeben würde, welche glauben" (Gal.3,22).

Beide, der Schenke und der Bäcker des Königs, hatten in einer Nacht einen Traum, ein jeder nach der Deurung seines Traumes. Joseph sah es ihnen an, dass sie betrübt waren und fragt nach dem Grund. „Sie sprachen: Wir haben einen Traum gehabt, und da ist niemand, der ihn deute". Wahrscheinlich haben sie Mitgefangene befragt, aber keiner hat ihnen eine Erklärung geben können. Als Traumdeuter haben sich schon Christen empfohlen, aber sie denken sich dann irgendetwas aus. „Joseph sprach zu ihnen: Sind die Deutungen nicht Gottes? Erzählet mir doch. Da erzählte der Oberste der Schenken dem Joseph seinen Traum: In meinem Traum, siehe, da war ein Weinstock vor mir, und an dem Weinstock drei Reben; und so wie er knospte, schoß seine Blüte auf, seine Traubenkämme reiften zu Trauben ...".

Wir werden hier lebhaft an den wahren Weinstock erinnert, welcher Christus ist, die Reben sind die Jünger Jesu. „Wer in mir bleibt und ich in ihm, dieser bringt viel Frucht, denn außer mir könnt ihr nichts tun" (Joh.15). Die Deutung der drei Reben auf drei Tage, weist auf den Tod und die Auferstehung Jesu hin, denn darauf gründet sich die Erlösung und das Fruchtbringen. Im Bewusstsein dieser Gnade konnte auch der Schenke wieder in sein Amt als Diener des Königs eingesetzt werden. „Hierin wird mein Vater verherrlicht, daß ihr viel Frucht bringet, und ihr werdet meine Jünger werden ... Dies habe ich zu euch geredet, auf daß meine Freude in euch sei und eure Freude völlig werde" (V.8-11).

In Christus bleiben ist man nicht automatisch, sondern eine Übung. Dies werden auch die Brüder noch lernen müssen. Hier lehrt es Joseph, auch Paulus hat es die von den Nationen, welche an Jesus glauben, gelehrt. Wie dieser Oberste lernen die „Schenken" es nicht allein durch Belehrung, sondern durch Zucht. Zu sagen, „ich habe mich für Jesus entschieden", ist zu wenig, um Frucht zu bringen, denn wir können es nicht aus uns selbst. „In ihm bleiben" heißt, in Seiner Liebe zu bleiben; in Seiner Liebe bleiben heißt, Seine Gebote halten, und „seine Gebote sind nicht schwer" (1.Joh.5,3). Sie zu halten ist also keine Anstrengung, sondern eine Frage der Liebe zu Gott. Der Oberste der Schenken hat das verstanden und sollte deshalb wieder in seine Stelle eingesetzt werden und die gereiften Trauben in den Becher des Königs auspressen. Der Zweck der Übung war, dass die Züchtigung, sofern sie als vom Vater angenommen wird, „die friedsame Frucht der Gerechtigkeit" ergäbe. Die Gemeinschaft ist wiederhergestellt.

In der Offenbarung Jesu Christi geht es nicht so kurz und gnädig mit den Nationen ab. In Kapitel 16 werden sie durch die Plagen tief gedemütigt, bis sie wieder das Licht der Heiligen Stadt sehen und gereinigt dort Eingang finden. In dieser Hoffnung darf die Offenbarung gedeutet und ihnen verkündigt werden. Paradox ist, dass sie das neue Jerusalem schon für sich in Anspruch nehmen, aber auf den Himmel beziehen, während es doch aus dem Himmel herniederkommt. Der kurze und schöne Traum des Obersten der Schenken gibt Hoffnung, dass die Gerichtswege Gottes mit Seinem Volke und der Welt einen guten Ausgang für die Glaubenden nehmen.

Joseph wurde bei der Deutung noch einmal seine ziemlich ausweglose Lage im Gefängnis bewusst. „Gedenke meiner bei dir, wenn es dir wohlgeht und erweise doch Güte an mir und erwähne meiner bei dem Pharao und bringe mich aus diesem Hause heraus."

Da nun der Oberste der Bäcker sah, dass Joseph gut gedeutet hatte, erzählte auch er seinen Traum. „Ich sah in meinem Traum und siehe, drei Körbe mit Weißbrot waren auf meinem Kopfe, und im obersten Korbe allerlei Eßwaren des Pharao, Backwerk; und das Gevögel fraß es aus dem Korbe auf meinem Kopfe weg". Joseph sagte ihm geradeheraus die Wahrheit, er beschönigte nichts, es würde dem Bäcker den Kopf kosten.

Wir haben schon angedeutet, dass eigenes „Backwerk" Rühmen der eigenen Taten ist. Der Bäcker hat im Gefängnis nichts gelernt, alles eigene Bemühen und Wirken reicht nicht hin, um Gnade zu errlangen bei Gott. Selbst das Gesetz zu halten ist unmöglich und führt nur zum Fluch. Die „Eßwaren" im obersten Korbe des Pharao, das sind die moralischen Forderungen, sollten zur Besserung und Vervollkommnung des Menschen dienen, machen aber keinen besser, sondern ziehen nur die Vögel (böse Geister, Dämonen) an. „Denn alle haben gesündigt und erreichen nicht die Herrlichkeit Gottes, und werden umsonst gerechtfertigt durch seine Gnade, durch die Erlösung, die in Christo Jesu ist" (Röm.3,23.24).

Für die „Bäcker" kommt die Gnade vergeblich, sie halten an ihrer Religion und Tradition fest. Und Religion ist eigenes Backwerk, hier muss der Mensch etwas tun. Die Juden sind an ihrer eigenen Gerechtigkeit gescheitert; Katholiken fürchten um das Ende ihrer Konfession und sammeln sich noch als „kleine Herde", die mit letzter Kraft eine Neuevangelisierung bewirken soll. Vergebliches Bemühen. Protestanten bekennen zwar die Rechtfertigung, folgen aber dem Zeitgeist, dem auch Luther angepasst werden muss. Evangelikale gehen mit ihrer Prophetie am Kreuz vorbei. Wie es einmal mit ihnen ausgehen wird, muss nicht der Pharao entscheiden, sondern Joseph. Gesetzlich oder gesetzlos, beides ist eine Verhöhnung des Werkes Christi. Zu Unrecht werden treue Gläubige, die den Geboten Gottes gehorchen wollen, als gesetzlich bezeichnet.

Für den Obersten der Bäcker ging es übel aus, er hatte eine positive Deutung erwartet und hörte nun sein Todesurteil. An dem Bäcker wurde bereits ein Exempel statuiert, welches Paulus die Galater lehrte und sie warnte, nicht wieder in das Gesetz und die jüdische Tradition zurückzufallen. „Verflucht ist jeder, der nicht bleibt in allem, was im Buche des Gesetzes geschrieben steht, um es zu tun! Christus hat uns losgekauft von dem Fluche des Gesetzes, indem er ein Fluch für uns geworden ist" (Gal.3,11-14).

An dem Geburtstag des Pharao erhob der König das Haupt des Obersten der Schenken und setzte ihn wieder in sein Schenkamt ein, „daß er den Becher in des Pharaos Hand gab". Das Wort der Weissagung Josephs hatte sich an dem Schenken erfüllt, aber dabei nicht an Joseph gedacht und ihn bald vergessen. Wie kann man nur denjenigen vergessen, der einem einst mit der guten Botschaft gedient hat. Paulus musste es erleben, dass „alle, die in Asien sind, sich von mir abgewandt haben" (2.Tim.2,15).

Es dauerte noch zwei volle Jahre, bis der Schenke sich wieder an Joseph erinnerte. Diese letzten zwei Jahre Ungewissheit im Gefängnis waren für Joseph die schwersten. „Sagen will ich zu Gott, warum hast du mich vergessen?" klagt der Psalmist. Auch für Paulus als Gefangener waren die letzten zwei Jahre in Cäsarea die schwersten, weil Felix ihn hinhielt bis er Festus zum Nachfolger bekam (Apg.24,27). Wie Joseph beteuerte auch Paulus seine Unschuld, „weder gegen das Gesetz der Juden, noch gegen den Tempel, noch gegen den Kaiser habe ich etwas gesündigt" (Apg.25,8). Auch ich kann sagen, dass ich weder einen Christen persönlich noch eine Gemeinde angegriffen habe, sondern nur die Offenbarung im Geiste des Evangeliums gedeutet und bezeugt habe. Wieviel Jahre ich mit 84 noch warten muss, bis ich abscheiden darf, um bei Christus in der Herrlichkeit zu sein? „Glückselig die Toten, die im Herrn sterben ... ihre Werke folgen ihnen nach" (Offb.14,14). Vielleicht ist dieses Buch ein Zeugnis, mein letztes, dass ich nichts anderes gesagt und geschrieben habe, als was Paulus bezeugt hat, und Petrus und Johannes und die Väter, „wie die Wahrheit in dem Jesus ist" (Eph.4,20.21).

Jetzt wird es spannend. Gott redet auch zu dem Pharao in einem Traum, der ihn sehr beunruhigt. Er träumte, er stand am Ufer des Stromes: „und siehe, aus dem Strome stiegen sieben Kühe herauf, schön von Ansehen und fett an Fleisch, und sie weideten im Riedgrase. Und siehe, sieben andere Kühe stiegen nach ihnen aus dem Strome herauf, häßlich von Ansehen und mager an Fleisch, welche die sieben fetten Kühe fraßen." Darüber erwachte der Pharao, schlief aber bald wieder ein und träumte zum zweiten Mal: „Und siehe, sieben Ähren wuchsen auf an einem Halme, fett und schön. Und siehe, sieben Ähren, mager und vom Ostwind versengt, sproßten nach ihnen auf. Und die sieben mageren Ähren verschlangen die sieben fetten und vollen Ähren. Und der Pharao erwachte". Am Morgen war sein Geist voll Unruhe. Was sollten diese Träume bedeuten, er ahnte nichts Gutes. Der Pharao ließ alle Schriftgelehrten Ägyptens und und alle seine Weisen rufen und erzählte ihnen seine Träume, aber da war keiner, der sie dem Pharao deutete.

Ähnliches lesen wir von Nebukadnezar im Buche Daniel. Auch er hatte einen Traum, der ihn sehr beunruhigte. Allerdings wusste er nicht mehr, was er geträumt hatte, es muss aber etwas Schreckliches gewesen sein. Er verlangte von den Weisen Babylons, den Schriftgelehrten und Beschwörern und Zauberern, dass sie ihm den Traum kundtäten und ihn deuteten, andernfalls würden sie alle umgebracht (Dan.2). Der Pharao war nicht so radikal. Doch wenn's die Weisen Ägyptens nicht wussten, wer sollte dann eine schlüssige Erklärung geben können?

Wirtschaftsexperten würden die Träume des Pharao mit dem Wirtschaftszyklus erklären, mal boomt die Wirtschaft, dann wieder kommt eine Rezession mit der Folge steigender Arbeitslosigkeit. Die Bundesbank oder heute die EZB sucht die Schwankungen mit ihrer Zinspolitik auszugleichen. Auf Deutschland würden die beiden Träume jedoch nicht passen, denn bei uns kamen die schlechten Jahre zuerst, dann die guten und fetten. Nach den „Hungerjahren" (1945-48) kam der Überfluss, der Wohlstand, der nun schon fast 70 Jahre anhält. Offenbarungsdeuter kündigen allerdings mit den Siegeln teure, ja schlimme Zeiten an. Diese Deutung glauben nur Materialisten, die um ihren Wohlstand fürchten. In anderen Länder, z.B. in Afrika oder ganz schlimm in Nordkorea, kann es nicht schlechter werden, die Menschen nähren sich von Gras wie das Vieh oder verhungern bereits, und gute Jahre sind für sie nicht in Aussicht. Davon träumt niemand.

Nun gut, die Schriftgelehrten und Weisen Ägyptens gaben ehrlich zu, dass sie es nicht wüssten. Gott hätte es ihnen offenbaren müssen, aber ohne den Geist Gottes kann der natürliche Mensch es nicht erkennen. Sie haben offenbar auch keine Deutungsversuche unternommen. Anders unsere heutigen Theologen, Bibellehrer und Endzeitpropheten. Sie erlauben sich mit der biblischen Prophetie Prognosen über die Zukunft der Welt von einer weltweiten Erfolgsmission bis zum Weltuntergang. Sicher sind sie allerdings nicht, „so könnte es sein", und „wahrscheinlich" oder „wir nehmen an", und ihre Deutungen sind widersprüchlich. Das könnte einen Pharao nicht beruhigen, und sein Land würde völlig unvorbereitet ins Chaos gehen und die Menschen sterben.

Da erinnert sich der Oberste der Schenken an Joseph und erzählt dem Pharao seine Geschichte, wie er zornig war über ihn und den Bäcker und sie ins Gefängnis setzte: „Und daselbst war bei uns ein hebräischer Jüngling, ein Knecht des Obersten der Leibwache, und wir erzählten ihm unsere Träume. Und er deutete sie uns, und wie er sie uns deutete, also ist es geschehen: mich hat der Pharao wieder in meine Stelle eingesetzt, und den Bäcker hat er gehängt."

Der Pharao war zuerst sehr skeptisch, was sollte ein Sklave schon wissen. Hebräer waren bei den Ägyptern geringgeachtet, ungefähr so, wie Wissenschaftler über dem ungebildeten Volk stehen. Was verstehen Schafhirten schon von Politik, Wirtschaft, Ökonomie – in Ägypten war die Weisheit der Welt. Aber Gott hat schon damals die Weisheit der Welt zur Torheit gemacht. Dennoch läßt der Pharao Joseph rufen. Nur ein kurzer Vers (14) beschreibt die Vorbereitung für sein Erscheinen. Joseph wird zunächst nicht gewusst haben, warum er zum König kommen soll. Schließlich ist er ein Gefangener. Ein rechtmäßiger Prozess ist ja über seine angebliche Tat im Hause Potiphars nicht geführt worden, war wohl auch nicht üblich. Im römischen Reich war eine Anhörung des Angeklagten Vorschrift (Apg.16,37), auch im heutigen Rechtsstaat, obwohl das Urteil heute wie damals bei Gewissenstätern schon vorher feststeht. Wenn jemand seine Kinder aus der Schule nimmt, weil sie nicht verführt und sexualisiert werden sollen (die Schule stellt das genauso verdreht dar wie das Weib des Potiphar), bekommen die Eltern kein Recht und werden bestraft, unter Umständen mit Gefängnis. Also daran hat sich jedenfalls in Deutschland nichts geändert: Beschuldigt und ins Gefängnis geworfen.

Sollte Joseph etwa noch einmal angehört werden oder auch schon gehängt werden wie der Bäcker? „Aber ich habe doch nichts gemacht", schreit er, als man ihn ziemlich rauh anpackt und Wasser über den Kopf schüttet zur Ganzreinigung. So wird es im Joseph-Film dargestellt. Aber die Schrift zeigt ein anderes Bild: „Er schor sich und wechselte seine Kleider und kam zum Pharao". Er weiß nicht, was er dort soll und gefragt wird, aber er weiß, dass Gott mit ihm ist und ihn zum Zeugnis ruft. Deshalb fürchtet er sich auch nicht. Das gibt ihm eine Soveränität vor dem König, ebenso wie Jesus vor Pilatus. Bei Paulus sehen wir es ähnlich. Wie tritt der Apostel auf, als er dem König Agrippa vorgeführt wurde (Apg.26). Petrus sagt: „Seid jederzeit bereit zur Verantwortung jeden, der Rechenschaft von Euch fordert über die Hoffnung, die in euch ist, aber mit Sanftmut und Furcht" (1.Petr.3,15). Gläubige Schulverweigerer sollten ebenso furchtlos und überzeugt ihre Gewissensentscheidung begründen und auf Gott vertrauen.

Nun steht Joseph vor dem Herrscher. Er hätte vor ihm niederfallen müssen, denn der Pharao will als Gott verehrt werden. Nicht einmal ihn direkt anschauen war erlaubt. Doch Joseph folgt seinem Gewissen, er kniet nicht vor einem Menschen. Allein dem Gott es Himmels gebührt die Ehre. Dies stellt der Film eindrücklich dar.

„Der Pharao sprach zu Joseph: Ich habe einen Traum gehabt, und da ist keiner, der ihn deute; ich habe aber von dir sagen hören, du verstehest einen Traum, ihn zu deuten. Und Josep sprach zu dem Pharao und sprach: Das steht nicht bei mir; Gott wird antworten, was dem Pharao zum Heile ist." Joseph war zuversichtlich, dass der Geist Gottes ihm die Deutung anzeigen würde.

Zum Heile? Ja, das steht auch über der Offenbarung geschrieben. „Was bald geschehen muss" soll uns zum Heile sein, auch der Welt, zur Erhaltung des Lebens, nicht zu ihrer Vernichtung, wie es gewöhnlich gedeutet wird. Gott hat mit der „Apokalypse", auch mit den „apokalyptischen Reitern" Seine Heilsabsichten. Für die sieben Gemeinden ergab sich daraus, dass sie auf die Geschichte Israels, die in sieben Teile zerfällt, und insbesondere auf die Geschichte Josephs zurückgreifen mussten. In der Tat ist die Offenbarung mit der Zahl 7 das geistliche Gegenstuck zu den Traumen Pharaos. Oder nehmen wir die sieben Posaunen. Bei der sechsten Posaune soll es sich um die Tötung des dritten Teiles der Menschheit handeln, wenn man die Offenbarungsdeuter hört. Wissen sie denn nicht die Bedeutung der „vier Hörner des goldenen Altars", dass sie von Versöhnung reden (2.Mos.30,10), wovon das Blut Christi zeugt? Er starb für uns, einer für alle, Er ist die Sühnung für die ganze Welt (1.Joh.2,2). Also kann die sechste Posaune nur zum Heile sein, und zwar für jenen Teil, der Buße getan und das

Fleisch gerichtet (getötet) hat. Aus diesem Grunde ergibt sich denn auch die wahre Deutung im einzelnen. („Geheimnis, Babylon", S.173ff.). Ich bin überzeugt, dass die Empfänger des Buches der Offenbarung sofort wussten, wie die Posaunen zu verstehen waren, weil sie im Alten Testament lebten und durch den Geist die neutestamentliche Bedeutung gelehrt waren. Die „Panzer" der Rosse und die auf ihnen saßen waren der Gemeinde in Ephesus, womit sie sich rüsten sollten, wohlbekannt (Eph.6,14). Andere, die nicht den Geist haben, tippen auf russische Panzer, aber die würden ja Unheil bringen statt Heil. Nur das Evangelium und in diesem Geiste die Offenbarung gedeutet ist „Gottes Kraft zum Heil jedem Glaubenden" (Röm.1,16).

Nachdem der Pharao seine Träume erzählt hat, sagt Joseph: „Der Traum des Pharao ist e i n e r ; was Gott tun will, hat er dem Pharao kundgetan". Joseph spricht wie selbstverständlich von Gott. So ganz unbekannt war den Ägyptern Gott nicht; der frühere Pharao hatte einmal üble Bekanntschaft mit ihm gemacht, als Abraham, Josephs Urgroßvater, in Ägypten weilte und der Pharao und sein Haus mit großen Plagen um Sarahs willen geschlagen wurde. Seitdem wollten die Ägypter nichts mehr mit den Hebräern zu tun haben. Der „hebräische Jüngling" sollte die Verbindung wieder herstellen, ähnlich wie Paulus zwischen den Nationen und Israel.

Die sieben fetten Kühe und die sieben vollen und schönen Ähren weisen auf fruchtbare und schöne Zeiten hin. Für uns sind es die ersten Zeiten des Evangeliums. Die fettesten und fruchtbarsten Jahre waren die Apostelzeit. Das Evangelium breitete sich rasch aus und erreichte die ganze damalige Welt; das Christentum war auch wirtschaftlich und kulturell ein Segen für die Völker, auf allen Gebieten wurde das Heidentum durch die christlichen Werte überwunden. Zeiten von Erweckungen sind in verschiedenen Ländern im Westen immer wieder gewesen. Die größte Erweckung war die Reformation, worauf auch heute gerne zurückgegriffen wird. Auch noch im 19.Jahrh. hielt der Segen an durch „Platzregen" (Luther) in verschiedenen Regionen.

Durch den aufkommenden Sozialismus trat eine Wende an. In der ersten Hälfte des vorigen Jahrhunderts blockierten Kriege jede geistliche Bewegung, danach setzte ein sittlicher und moralischer Verfall ungeahnten Ausmaßes ein. Gegenwärtig sinkt das „christliche Abendland" immer mehr auf den Stand des römischen Reiches (vgl.Röm.1 mit 2.Tim.3). Wir sprechen heute von einem Neuheidentum, eine Neumissionierung Europas wäre nötig. In den 60er Jahren gab es noch einmal große evangelistische Feldzüge (Billy Graham, Janzteam, Zeltmission etc.), aber sie waren zu oberflächlich, um bleibende Frucht zu bringen. Letzter Versuch war *Pro Christ*, die Saat ging gar nicht mehr auf. Nur noch einzelne Seelen können gewonnen werden, meist aber nur, weil sie große Probleme haben.

Fazit: Die fetten Jahre sind für das Christentum vorbei, geistliche betrachtet leben wir jetzt in den mageren Jahren. Von den guten Jahren und segensreichen Produkten früherer Bewegungen mag man noch zehren, aber Frucht und neues Leben bewirken sie nicht mehr, geistliches Wachstum der Seelen ist so gut wie erstorben. Erhöhte Besucherzahlen sind meist auf Gemeindewechsel zurückzuführen. Das gilt für alle Kirchen wie für evangelikale Gemeinden, die überalterte Gemeinschaftsbewegung und die laodicäische in sich selbst genügsame Brüderbewegung. Trotz evangelistischer Anstrengungen kein Pflügen und Ernten mehr, die Saat geht nicht mehr auf. Große Plakate und das Angebot kostenloser Bibeln finden kaum Beachtung. Die schlechten Jahre müssen nicht mehr nachgewiesen werden, die große „Hungersnot" ist eingetroffen. Davon zeugen die Kraftlosigkeit, die Fruchtlosigkeit, die kranken Zustände, die Verweltlichung, usw. zu Genüge. Das ist die Lage. Wenn kein neuer Spätregen kommt, kein neuer Wind des Geistes weht, wird das Christentum im Westen aussterben. „Von der

Kirche in Mitteleuropa bleibt nur noch ein kleiner Rest übrig, sie wird dann wieder von außen missioniert werden, beginnend in der Familie" (Stephan Wenge).

In dieser Situation werden wir auf einen Traum, eine Vision des Apostels Johannes aufmerksam, die er für die Gemeinden der letzten Tage aufgeschrieben hat, die Offenbarung Jesu Christi. Aber Johannes hinterlässt sie uns ohne Deutung und beschwört uns zugleich, kein Wort davon wegzulassen oder hinzuzufügen. Damit stehen wir vor dem gleichen Problem wie die Weisen Ägyptens oder auch wie Joseph. Wir brauchen eine Offenbarung, eine Offenbarung der Offenbarung, um die Rätsel zu entschlüsseln. Sie wird uns auch die Träume Pharaos erklären, besonders die schlechten Jahre, wie sie durchgestanden werden. Welchen Sinn sollte sonst diese Geschichte haben? Der Engel oder war es ein Ältester, vor dem Johannes nach der Einladung zur Hochzeit des Lammes in Anbetung niederfiel, sagt: „Siehe zu, tue es nicht. Ich bin dein Mitknecht und der deiner Brüder, die das Zeugnis Jesu haben; bete Gott an. Denn der Geist der Weissagung ist das Zeugnis Jesu" (Offb.19,10). Was ist das Zeugnis Jesu in Verbindung mit dem Geist der Weissagung? Jeder wiedergeborene Christ hat den Heiligen Geist empfangen, er hat eine neue Gesinnung bekommen, neue Wünsche und neue Interessen, nämlich heilige, göttliche, himmlische, in der Tat einen neuen Geist. Der Geist der Weissagung hat aber mit der Verkündigung zu tun, nicht nur des Evangeliums, sondern es ist prophetische Rede (1.Kor.14,3), ein prophetischer Dienst, und der muss zeitgemäß sein und den Bedürfnissen unserer Zeit entsprechen. Das Zeugnis Jesu entsprach damals genau den Umständen und Bedürfnissen des Volkes; heute ist es das Zeugnis der Offenbarung, mit welchen Veränderungen, mit welchen Mächten, ja welchen Zuständen wir im Reiche Gottes und der Welt begegnen, denen wir ins Auge sehen müssen, um daraus errettet zu werden.

Joseph war der vollen Gewissheit, dass es so kommen wird: „Was Gott tun will, hat er den Pharao sehen lassen ... Was die zweimalige Wiederholung des Traumes an den Pharao anlangt, es bedeutet, daß die Sache von seiten Gottes fest beschlossen ist, und dass Gott eilt, sie zu tun". Auch die Sache der Offenbarung hat Eile. Deshalb möchte Gott Seinen Knechten zeigen, was bald d.h. plötzlich, unerwartet, geschehen muss, um darauf vorbereitet zu sein, „und er hat sie seinem Knechte Johannes gezeigt, der bezeugt hat das Wort Gottes und das Zeugnis Jesu Christi, alles was er sah" (Offb.1,2). Josephs Rat für Ägypten war, „der Pharao ersehe ich einen verständigen und weisen Mann und setze ihn über das Land Äypten ...".

Auch für die Offenbarung braucht es einen „weisen und verständigen Mann". Das kann nur der Heilige Geist sein, er führt uns in die ganze Wahrheit. Für die praktische Umsetzung bedarf es Aufseher und Diener, die Weisheit und geistliches Verständnis haben. Bei der Berechnung der Zahl des Tieres wird das vorausgesetzt. Doch wo sind die Lehrer und Evangelisten, die die Menschenzahl deuten können? Viel Unverstand wird gerade bei der Zahl 666 offenbar. Woher kommt das, da wir doch den Heiligen Geist haben? Man deutet an der Zahl selbst herum, statt die Schrift zu befragen. Ein Blick auf das Menschenbild und seine Maße in Dan.3 gibt die richtige Lösung. Derselbe Fehler wird bei den Sendschreiben, Siegeln, Posaunen usw. gemacht. Die Offenbarung ist ein Stichwortverzeichnis, man braucht den ganzen Kontext der Schrift, um sie zu verstehen. Es wäre bschränkt, an Stichworten den Sinn erkennen zu wollen, man muss vielmehr im Buch nachlesen, das ist im Alten Testament; nur von daher ist eine Auslegung und praktische Anwendung möglich.

Joseph empfiehlt, den „Fünften vom Lande" in den sieben Jahres des Überflusses aufzuheben. Der würde für die sieben Jahre Hungersnot ausreichen. Der fünfte Teil der Bibel reicht auch für die Zeit der Offenbarungsgerichte aus, nämlich das Neue Testament (ungefür auch von der Seitenzahl her). Soviel wird genügen, um die größte „Hungersnot" zu überstehen und an der Seele gesund zu bleiben. Das Evangelium reicht vollkommen aus, schlechte Jahre durchzustehen, es hat Kraft genug für jeden Glaubenden in jeder Lage, wenn es nur unverfälscht und ungekürzt verkündigt wird. In guten Zeiten aber, wenn Wohlstand und Frieden herrschen, verlangt die Seele mehr, um nicht in Lauheit und Weltlichkeit abzugleiten. Die sieben Jahre des Überflusses stehen für die ganze Schrift. Da sollen wir aus der Fülle des ganzen Wortes schöpfen, nicht nur aus dem Neuen Testament. Doch so wie man die Offenbarung nicht isoliert betrachten kann, ist auch das Evangelium nicht von den Schriften des Alten Testaments, in denen es verheißen ist, zu trennen. Warum ist die Wortdarbietung heutzutage so mager? Weil man nur wenig das Alte Testament betrachtet. Da erzählt man die Geschichte zur Anschauung nach, macht auch einige moralische Anwendungen, aber die eigentliche geistliche Bedeutung bleibt ein Geheimnis. Die ersten Christen hatte nur das Alte Testament, und daraus schöpften sie „jede geistliche Segnung, mit der der Gott und Vater unseres Herrn Jesus Christus uns gesegnet hat". Paulus war die Gnade des geistliches Verständnisses der prophetischen Schriften gegeben, durch den Heiligen Geist wurde er ein verständiger und weiser Mann, den Nationen den „ausausforschlichen Reichtum des Christus" zu verkündigen, „woran ihr im Lesen merkt könnt mein Verständnis in dem Geheimnis des Christus" (Eph.1,3; 3,4.8). Durch die Offenbarung könnte der geistliche Vorrat wieder erheblich erweitert werden, wenn wir sie im Lichte des Evangeliums betrachten, wie das die Heiligen im Anfang taten. Dies wird auch nötig, um gegen die Mächte der Finsternis, die sich wider die Gemeinde und alles was heilig heißt erheben, gewappnet zu sein. Johannes wurde die Offenbarung gezeigt, aber er hat wie gesagt keine Deutung dazu geliefert. Das war für die Empfänger auch nicht nötig, denn ihre Bibel war noch bzw. nur das Alte Testament, das den Hintergrund der Offenbarung bildet. Daher wussten sie sofort, was die Sendschreiben bedeuteten, denn ihnen liegt die ganze Geschichte Israels zugrunde, ebenso die Kapitel 6 und weitere. Weil der Kirche schon früh die Verbindung zum Alten Testament verloren gegangen ist, kann man auch die Offenbarung nicht verstehen. Doch das ist in der Geschichte Josephs nicht das Thema, sondern allein die Sorge um die geistliche Versorgung der Seelen in der Not, wofür allerdings Vorsorge getroffen werden muss.

Vom Sklaven zum Herrscher

„Das Wort war gut in den Augen des Pharao und in den Augen aller seiner Knechte. Und der Pharao sprach zu seinen Knechten: Werden wir einen finden wie diesen, einen Mann, in dem der Geist Gottes ist?" Hier wird der Pharao selbst zu einem Vorbild von Gott, der Seinen Sohn erhöht über jeden Namen der genannt wird. Jeder Mensch, ob hoch oder niedrig, ist zu ersetzen, nur Jesus nicht. Alle Fürsten Ägyptens musten zurücktreten, um Joseph Platz zu machen. „Nachdem Gott dir dies alles kundgetan hat, ist keiner so verständig und weise wie du." Der Pharao erkennt plötzlich Gott an? Durch das Zeugnis von Christen erkennen Menschen an, das „Christus Gottes Kraft und Gottes Weisheit ist; denn das Törichte Gottes ist weiser als die Menschen und das Schwache Gottes ist stärker als die Menschen ..." (1.Kor.1,24-31). „ D u sollst über mein Haus sein, und deinem Befehle soll mein ganzes Volk sich fügen, nur um den Thron will ich größer sein als du." Joseph muss es schwindelig geworden sein, plötzlich so erhöht zu werden.

Die große Wende bei Joseph sehen wir auch bei Jesus. Vom Kreuz zum Thron, vom Verachteten zum HErrn und Christus gemacht. Die Erhöhung Jesu war eine Folge Seiner Selbsterniedrigung. Joseph wurde erniedrigt, er war ganz arm und trug Sträflingskleidung, aber er wurde reich und bekam Königskleider. Jesus aber wurde um unsertwillen arm, „auf daß wir durch seine Armut reich würden" (2.Kor.8,9). Der Vergleich mit Jesus könnte nicht schöner sein, und doch besteht ein gewaltiger Unterschied zwischen Vorbild und Dem, der das Bild Gottes ist.

Mit dem „Siegelring" hatte Joseph alle Vollmacht, die „Kleider von Byssus" sind vollkommene Rechtfertigung im Geist. Die „goldene Kette" um den Hals ist wie der goldene Gürtel bei dem gleich einem Menschensohn, den Johannes sah (Offb.1,13), ein Zeichen für die Wahrheit und Gerechtigkeit. „Werfet euch nieder!" wird vor Joseph ausgerufen. Auch Gott fordert von allen Menschen, werfet euch nieder vor dem Sohne, er ist „der Fürst der Könige der Erde" (Offb.1,5). Vor ihm muss sich jedes Knie einmal beugen und jede Zunge bekennen, dass Jesus Christus HErr ist (Phil.2,9-11). Der Pharao gebietet absolute Unterwerfung unter Joseph, denn er ist jetzt der Retter der Welt und Erhalter des Lebens wie der Name Zaphnath-Pahneach verdolmescht heißt. Retter und Heiland der Welt ist Jesus und kein anderer, auch heute noch. Würde das Christentum ausgelöscht, würde auch alles Leben auf der Erde verscheiden.

Wenn ein Unterdrückter, dazu noch Sklave, zum Herrscher wird, bringt er alle seine Widersacher um. So haben es die Könige Israels gemacht, so alle Gewaltherrscher und Diktatoren. Joseph aber vergab ihnen und rächte sich an ihnen nicht. Das ist die Gesinnung Christi, auch in Seiner Offenbarung wird niemand von Ihm umgebracht. Die Brüder sähen in ihrem Eifer für Jesus lieber, wenn Er den „dritten Teil" leibhaftig töten würde (Offb.9,18). Doch genau damit würden sie sich selbst das Urteil sprechen. Sie werden noch erkennen, dass Christi Opfer nicht allein die Sühnung ist für unsere Sünden, sondern für die ganze Welt; Er muss sich nicht an der Welt, die Ihn gekreuzigt hat, rächen. Wie sollte Er denn den Nationen zum Heil sein?

In Asnath, der Tochter Potipheras, des Priesters von On, die Joseph zur Frau bekommt, sehen wir die Gemeinde der Nationen. Bis hierher mögen meine Brüder dem Vorbild Joseph auf Jesus folgen können, obwohl die Vereinigung Christi mit der Gemeinde als Sein Weib in den Vorbildern, die auf Christus hinweisen, immer unterbelichtet worden ist. Sie wollen die Gemeinde im Alten Testament nicht sehen, da sie ja erst im Neuen Testament, genauer im Epheserbrief durch Paulus entstanden sei. Übrigens schon vor Paulus. Doch ohne sie ist auch Christus nichts, ist sie doch Christi Herrlichkeit. Und auch wir als Kinder wären nicht einmal geboren. Asnath wird in der Predigt so nebenbei erwähnt und dann schon bald entrückt. Erst in 1000 Jahren nimmt sie an Seiner Herrlichkeit und Macht teil. Das hieße aber, der Geschichte Gewalt antun, denn sie geht unmittelbar weiter, wie sie auch nach der Auferstehung und Himmelfahrt Jesu unmittelbar weiterging durch die Apostel in der ganzen Vollmacht Jesu, die Er ihnen durch Seinen Geist gegeben hatte. Was sich hier in Ägypten vollzieht, davon wissen die Brüder (noch) nichts. Hätte ihnen jemand erzählt, Joseph sei Herrscher geworden, sie würden es nicht glauben. Joseph meldet seine hohe Stellung auch selbst nicht seinem Vater Jakob.

„Joseph war dreißig Jahre alt, als er vor dem Pharao, dem König von Ägypten, stand. Und Joseph ging weg von dem Pharao und durchzog das ganze Land. Und das Land trug in den sieben Jahren des Überflusses händevoll". Wieder eine Parallele zu Jesus: auch Er begann mit dreißig Jahren seinen öffentlichen Dienst. Bei Ihm sind es allerdings nur dreieinhalb Jahre, als er durch das Land Israel zog. Die Verkündigung des Reiches der Himmel war ein Überfluss, sogar bis in die leibliche Versorgung, als er die Tausende, die ihm folgten, speiste. Joseph legte die Speise in die Städte, „er schüttete Getreide auf wie Sand des Meeres, über die Maßen viel, bis man aufhörte zu zählen, denn es war ohne Zahl." Was könnte deutlicher machen, dass „wir aus Seiner Fülle empfangen haben, und zwar Gnade um Gnade" (Joh.1,16). „Der Reichtum seiner Herrlichkeit" ist so groß, die „überschwengliche Größe seiner Kraft an uns" und „der überschwengliche Reichtumg seiner Gnade" (Eph.1-3), wer vermöchte dies zu erfassen. Und diese Fülle wurde den Städten der

Nationen, der Gemeinde zuteil. Kaum vorzustellen, wie reich und reichlich versorgt die Gemeinde im Anfang war, so dass „ihr in ihm in allem reich gemacht worden seid, in allem Wort und aller Erkenntnis" (1.Kor.1,5). Gute „Zeiten der Nationen"! Allgemein werden sie als böse Zeiten gedeutet, aber in unserer Geschichte und übertragen auf den Dienst des Apostels der Nationen waren es segensreiche Zeiten. Das Evangelium erreichte Europa und wurde gepredigt „in der ganzen Schöpfung, die unter dem Himmel ist" (Kol.1,23).

„Und dem Joseph wurde zwei Söhne geboren, ehe das Jahr der Hungersnot kam, welche Asnath ihm gebar, die Tochter Potipheras, des Priesters von On. Und Joseph gab dem Erstgeborenen den Namen Manasse, denn Gott hat mich vergessen lassen all meine Mühsal und das ganze Haus meines Vaters. Und dem zweiten gab er den Namen Ephraim: denn Gott hat mich fruchtbar gemacht im Lande meines Elends".

Die beiden Söhne, Manasse und Ephraim, stehen für die Gemeinden der Nationen, sie sind Söhne Israels geworden, wie wir später noch erfahren. Mit diesem Vorbild ist Paulus auch das Geheimnis der Gemeinde aus Juden und Nationen als Gesamtisrael auf der Grundlage des neuen Bundes offenbart worden. Die Namen der beiden sind bedeutungsvoll in Bezug auf die Ablösung vom Judentum und die Fruchtbarkeit des Evangeliums unter den Nationen. So buchstabengetreu wie Dispensationalisten sonst sind und Joseph als Vorbild sehen, sollten sie auch an dieser Stelle die Entstehung der Gemeinde erkennen und nicht einen Gegensatz zwischen Israel und Gemeinde konstruieren. Doch sie kennen Den nicht mehr oder noch nicht, der aus beiden Eines gemacht hat durch das Blut Seines Kreuzes. Die Einheit der Familie Joseph weist deutlich auf Christus und Seine Ehe und Familie aus den Nationen hin. „Siehe, ich und die Kinder, die Gott mir gegeben hat" (Hebr.2,13).

„Und es endigten die sieben Jahre des Überflusses, der im Lande Ägypten gewesen war; und die sieben Jahre der Hungersnot begannen zu kommen, so wie Joseph gesagt hatte".

Inzwischen herrscht große „Hungersnot" in allen christlichen Ländern und Kirchen, die Seelenspeise ist aufgebraucht. Dies ist eine Folge der Säkularisierung, eine Bezeichnung, die nur auf christliche Länder zutrifft. Andere Weltreligionen in ihren Ländern, z.B. islamische Länder kennen keinen Abfall. Wovon sollen sie auch abfallen? Das ist nur vom Christentum möglich, und das wirkt sich verheerend auf die geistliche, seelische und sittliche Kraft ihrer Bekenner aus. Schon spricht man von einer kranken Gesellschaft, krank an der Seele, an seinem Selbst, wie der Psychanalyker Maaz es festgestellt hat.

Von den Volkskirchen kann man nichts mehr erwarten, sie haben keine geistliche Speise, keine Werte und Vorräte, man nährt sich noch von den Sakramenten und kirchlichen Überlieferungen, Weihnachten und Ostern, ohne deren Sinn und Bedeutung zu wissen, dienen noch einmal für Stunden der seelischen Erhebung. Pfarrer und Prediger zelebrieren monoton ihren Ritus, aber das Kirchenvolk bekommt Steine statt Brot. Selbst gläubige Pfarrer können der Gemeinde nichts mehr vermitteln.

Und die Politik? Sie kann nur für die leiblichen Bedürfnisse sorgen, aber die Seelen kommen um im Wohlstand oder von der Sorge, ihn zu verlieren. Bleiben noch die Medien, die der Unterhaltung dienen und der Befriedigung sinnlicher Begierden, aber die Seele nicht befriedigen können. Noch immer sind die geistlichen Segnungen in ihrer ganzen Fülle vorhanden, aber sie sind verborgen in Christus und nur dem Glauben und Gehorsam zugänglich. Das Volk schrie zum Pharao um Brot, der aber verwies auf

den Retter in der Not: „Gehet zu Joseph; tut, was er auch sagt!"
O, wenn den Leuten doch bewusst würde, wie ihre Seelen notlei-
den, wonach sie im Grunde hungern – sie würden wie die Ägypter
zu Gott schreien und zu Jesus kommen. „Und Joseph tat alles auf,
worin Getreide war und verkaufte es den Ägyptern".

Der HErr ist reich für alle, die ihn anrufen (Röm.10-12). Was
Joseph nicht konnte, darf Jesus austeilen: Vergebung der Sünden,
Leben und Seligkeit. Er ist das wahre Lebensbrot, das Lebenswas-
ser, Licht, Wahrheit, Frieden, Freude, Heil! Alle Gaben sind an
Seine Person gebunden, wie Er selbst sagt: Ich bin das Brot des Le-
bens, der Weg zum Vater, Er hat die Schlüssel zu des Vaters großer
Schatzkammer, ja Er ist selber der Schlüssel dazu.

Aufgabe der Verkündigung und Seelsorge ist es, den Menschen
die Ursache ihrer Nöte zu zeigen. Sie kommen dann von selbst zum
Heiland. Meist leugnen sie erst einmal, bis sie dann zugeben, wie es
innerlich um sie steht. Wir können sie auf Jesus hinweisen, glaubt
dem Evangelium, gehorcht seinem Wort. Das kostet allerdings etwas, nämlich die Gottlosigkeit und die weltlichen Lüste aufzugeben. Mit der bisherigen seichten Predigt, mit der man die Jugend
anwirbt: Jesus liebt dich, er nimmt dich an wie du bist, kannst
auch so bleiben wie du bist, wird sie um ihr Seelenheil betrogen.
Sie muss bereit sein, ihre bisherige Lebensweise, wo sich alles nach
ihren Wünschen und Lüsten richtete, aufzugeben.

Das was Jesus gibt, ist nicht billig zu haben, das Evangelium ist
kein ALDI-Angebot. Es darf nicht verkürzt werden auf Bedürfnis-
befriedigung und Wunscherfüllung. Es geht um die Existenz, um
Leben oder Sterben, Errettung oder Verdammnis. Den Ägyptern
wäre es nicht eingefallen, mit Joseph um den Brotpreis zu feilschen.
Das tun wir ja auch nicht im Bäckerladen. Er verschenkte nicht das
Getreide, sondern forderte einen Preis, und die Ägypter zahlten
ihn, weil die Not sie zwang. Der Erlös kam dem Pharao zugute,
und was Jesus gibt, ist, obgleich zu unserem Nutzen, allein zur

Ehre Gottes. Manche wollen die Gebote Gottes von der Gnade Gottes trennen, als seien sie nicht so wichtig. Das ist ein Irrtum, wie wir an dieser Geschichte sehen. Ohne dem was Gott fordert und uns frommt, gibt es kein Leben. Wir werden später sehen, dass die Ägypter sich selbst verkaufen mussten, um am Leben zu bleiben. Man muss den Menschen, die zu Joseph kamen, und vielleicht auch den meisten Ägyptern, zugute halten, dass sie Joseph nicht kannten. Er war für sie der Wirtschaftsminister oder der Ernährungsminister, der alles sozial gerecht austeilt. Mit diesem Glauben kommen auch die meisten Menschen zu Jesus. Es muss ihnen gesagt werden, welchen Preis die Nachfolge kostet.

Die Ideologen versprechen viel, geben aber kein Leben. Die Religionen fordern den ganzen Menschen, können ihn aber nicht erretten. Das Christentum als Religion befindet sich zwar auf einer edleren Stufe, moralische Forderungen aber nützen nichts ohne Beziehung zu Jesus. „Gehet zu Joseph" heißt, gehet zu Jesus, „was irgend er euch sagen mag, tut" (Joh.2,6). Er stellt keine moralischen Forderung für die Seligkeit, Er will nur das Herz haben.

„Und alle Welt kam nach Ägypten zu Joseph, um Getreide zu kaufen; denn die Hungersnot war stark auf der ganzen Erde". Hungersnöte sind eine Folge von Dürrekatastrophen, und sie bergen allerlei schlimme Auswirkungen wie Kraftlosigkeit, Krankheiten, Seuchen usw. In der Offenbarung erscheint die „Hungersnot" aller Welt in Plagen, unter denen die Menschen leiden, um sie in die Arme Gottes zu treiben (Offb.16). Ohne Joseph wäre die damalige Welt verloren gewesen, ohne Jesus aber sind die Menschen für ewig verloren. Die gute Botschaft des Evangeliums ist für alle Welt, für alle Menschen, Hochgestellte und einfache Leute, Alt und Jung, arm und reich – „denn Gott will, dass alle Menschen errettet werden und zur Erkenntnis der Wahrheit kommen" (1.Tim.2,4).

Nun stellt auch die Flüchtlingswelle gläubige Christen vor neue Aufgaben, wie wir den Menschen, die zu uns kommen, meist

Muslime, das Evangelium vermitteln können. Deren Denkweise, wenn sie überhaupt viel denken, ist so ganz anders als die unsere im christlichen Kulturkreis. Der Islam kennt nur Auswendiglernen des Koran und Befolgen. Eigene Gedanken sind nicht erlaubt. Da helfen uns die biblischen Vorbilder, und hier ganz besonders das Leben Josephs, sie mit Jesus bekannt zu machen. Er selbst hat sich vieler Lebensbilder und Gleichnisse bedient, um das Reich Gottes darzustellen, aber seinen Jüngern erklärte er alles besonders. Woher die Menschen auch kommen, das Evangelium ist universal für alle da und verständlich. Der Hunger der Seele lässt sie suchen und fragen.

Wir denken, dass die Nöte der Welt selbstverschuldet sind. Haben wir schon einmal darüber nachgedacht, ob sie nicht um unsertwillen, die wir Christum Jesum als HErrn bekennen, aber nicht in Ihm leben, leidet? Wir müssen zugeben, dass auch wir selbst von mancherlei Nöten dieser Zeit betroffen sind. Dafür gibt es mehrere Beispiele in der Schrift. Der Sturm bei Jona war nicht, weil die Seeleute auf dem falschen Kurs waren, sondern um Jonas willen (Jona 1). Der starke Gegenwind bei den Jüngern auf dem See war nicht um der Fische willen, sondern um ihren Blick auf Jesus zu richten, den sie zuerst als Gespenst wahrnahmen (Matth.14). So kann es auch uns einmal ergehen, wenn die Wellen um uns herum hochgehen und uns bedrohen, weil Gott mit uns reden will. Und Er will mit uns reden. Wenn wir nicht auf Sein Wort hören, redet Er durch Ereignisse. Die Hungersnot war inzwischen auch im Lande Kanaan wie in allen Ländern, um die Brüder Josephs nach Ägypten zu treiben.

Die fremde Offenbarung

„Entfremdet bin ich meinen Brüdern"
(Ps.69,8)

Es ist praktisch wieder der künstliche Gegensatz zwischen „Nationen" und „Israel", der das Volk Gottes spaltet und uns in gewisser Hinsicht auch von Jesus trennt und Ihn uns entfremdet und umgekehrt. Jesus erscheint uns in der Offenbarung sehr fremd und deshalb stellt Er sich auch den Gemeinden gegenüber wie ein Fremder. Die Emmausjünger können davon erzählen (Luk.24). Da müssen gewichtige Gründe vorliegen. Der Vater unseres Herrn Jesus Christus ist auch unser Vater, versichert uns der HErr. „Sehet, welch eine Liebe uns der Vater gegeben hat, dass wir Kinder Gottes heißen sollen!" (1.Joh.3,1). „Denn sowohl der, welcher heiligt, als auch die, welche geheiligt werden, sind alle von einem; um welcher Ursache willen er sich nicht schämt, sie Brüder zu nennen" (Hebr.2,11). Das ist gewisslich wahr.

Aber es ist eine Entfremdung zwischen Ihm und uns eingetreten, wenn nicht durch unser eigenwilliges und gar ungerechtes Handeln, so ganz gewiss durch die Fremdheit der Offenbarung Jesu Christi. Die Kluft ist so groß, daß auch keine Übereinkunft und Gemeinschaft unter Brüdern möglich ist. Warum betrachten sich viele Brüder immer noch als „Nationen" (nach anderer Übersetzung „Heiden"), während man den Namen „Israel" in Gedanken sofort mit der Welt bzw. mit dem „irdischen Volke Gottes" verbindet, als ob ein solches noch existierte und Verheißung hätte. Gewiss wird niemand darauf kommen, es mit den Römern vor 2000 Jahren zu tun zu haben, wenn er Rom besucht oder in einem Römisches Museum ist. Warum ist das bei den Israelreisenden anders, als ob die heutigen Juden etwas mit dem damaligen Geschlecht zu tun hätten und das Land heilig sei? Wie fremd muss ihnen Jesus sein als „die Wurzel und das Geschlecht Davids" (Offb.22,16)?

Die Offenbarung Jesu Christi hat es nur mit den wahren Juden zu tun, sie sind die Söhne Israels, die Heiligen in den himmlischen Örter; die „Nationen" aber sind die Welt, das Fleisch, „die auf der Erde wohnen" (Offb.11,10). Das verkehrte Selbstverständnis sitzt so tief, daß es von seiten des HErrn schon einer Sonderbehandlung bedarf, um zu einer dem Neuen Bunde gemäßen Einheit des Glaubens zu kommen. Etliche mögen vielleicht zugeben, daß wir, die Kinder Gottes, das „geistliche Israel" nach Paulus im Galaterbrief sind (4,28; 6,16), wollen aber auch noch das Altbündische gelten lassen, das doch vergangen ist. „Wir kennen niemand mehr nach dem Fleische" (2.Kor.5,15-17), wir kennen nur das Geistliche, Himmlische, was aus Gott geboren ist, und nur das hat Verheißung. „Gott aber ist treu, daß unser Wort an euch nicht ja und nein ist ... Denn der Sohn Gottes, Jesus Christus, wurde nicht ja und nein, sondern es ist ja in ihm. Denn so viele der Verheißungen Gottes sind, in ihm ist das Ja und in ihm das Amen, Gott zur Herrlichkeit durch uns" (2.Kor.1,18-20).

Der Grund, warum uns der Jesus der Offenbarung so evangeliumsfremd erscheint, ist in dem gestörten Verhältnis und der mangelnden Vertrautheit mit dem Namen Israel zu suchen. Oft wirkt er sogar störend und befremdlich, wenn Brüder miteinander reden. Wir machen tatsächlich Jesus zu einem fremden Mann, wenn wir Ihn nicht als den wahren Israel Gottes, in dem alle Verheißungen erfüllt sind, erkennen und würdigen bzw. als „Söhne Israels" mit Ihm eins sind. Wir sollten uns jedenfalls prüfen, welche Empfindungen wir haben, wenn wir an die Beziehungen, die in diesem Namen liegen, denken. Bei den meisten müssen diese Gefühle vom Geiste Gottes wohl erst geweckt werden, vielleicht nicht ohne Schuldgefühle hervorzurufen. Denn unser Verhältnis zu Ihm berührt immer auch unsere brüderlichen Beziehungen. Wenn wir wüßten, wie *Sein* Herz nach brüderlicher Gemeinschaft in diesem Seinem neuen Namen, mit Dem Er uns versiegeln will, verlangt, Er würde Sich uns lieber heute als morgen offenbaren in Seiner ganzen Herrlichkeit. Doch muß Er Sich noch Zurückhaltung auferlegen, bis Gott die Wege und Herzen der Brüder zu Ihm lenkt, wie es die Geschichte Josephs zeigt.

Der HErr Jesus sehnt sich nach der Gemeinschaft mit dem „Haus seines Vaters", besonders nach dem treuen Überrest, den Benjamin verkörpert, denn auch über diesem steht Seine Klage: „Ich bin ein Fremdling geworden den Söhnen meiner Mutter" (Ps.69,8). Das war noch nie so schmerzlich für Ihn wie heute, wo die notleidenden Brüder Ihn doch so nötig bräuchten. Obwohl Ihm Zehntausende mal Zehntausende und Tausende mal Tausende der himmlischen Heerscharen mit lauter Stimme Ehre und Huldigung bringen (Offb.5,11-14), leidet Seine Seele an tiefster Einsamkeit. Nichts bewegt Sein Herz mehr als der Gedanke an die von Ihm getrennten Brüder. Vielleicht ahnst du etwas davon, lieber Bruder, liebe Schwester, wenn du dich in das herzergreifende Vorbild Josephs versenkst. Bei all seiner Ehre, Größe und Herrlichkeit in Ägypten, trotz seiner wunderbaren Ehe mit Asnath, ja trotz der Dankbarkeit, die ihm alle Welt entgegenbrachte, blieb er doch ein einsamer Mann. Ägypten war das „Land seines Elends". Wollte er hier auch alle seine Mühsal vergessen, so erinnerten ihn doch die Namen seiner beiden Söhne, Manasse und Ephraim, beständig daran, daß er ein Fremdling war, „gestohlen aus dem Lande der Hebräer".

Sicher hätte er die Möglichkeit gehabt, seinem Vater von seiner herrlichen Stellung in Ägypten Kunde werden zu lassen, ehe die Brüder kamen. Aber er tat es nicht, um sie nicht bloßzustellen; er wollte auf Gottes Stunde warten, denn sie mußten zubereitet werden für die Stunde der Offenbarung seiner Herrlichkeit, sonst hätten sie sie nicht ertragen. Aus demselben Grunde wartet auch Jesus mit Seiner Offenbarung. Wir, die „Söhne Israels", müssen erst als solche zu Ihm umkehren und in unserer Bedrängnis Sein Angesicht suchen, ehe die Decke von unseren Herzen weggenommen werden kann und wir überhaupt fähig werden, Seine Herrlichkeit anzuschauen (2. Kor.3,16-18), wie sie der Dienst des neuen Bundes vorstellt. Beweisen läßt sich dem Verstande sehr leicht, was die Gegenstände des neuen Bundes sind, aber sie nützen nichts, wenn nicht das Herz davon verwandelt worden ist, ja ergriffen ist, wenn nicht ein Seelenwunsch nach Wahrheit und Gerechtigkeit vorhanden ist und zu Ihm treibt. Wem ist je etwas Neues offenbart worden, außer durch eine bestimmte Seelenübung? Ich glaube, dieser Zeitpunkt ist gekommen. Gott hat, wie in der vorliegenden Geschichte, für unsere Zeit eine geistliche Hungersnot herbeigerufen, unter welcher die ganze christliche Welt leidet, auch die Brüder in „Kanaan" (Amos 8,11.12). Von geistlichem Überfluß redet wohl niemand mehr, es sei denn in laodicäischer Blindheit und Sattheit, die aber allmählich einer Ernüchterung weicht, weil die Gemeindenöte und die Schwachheiten, gerade auch bei konservativen Gemeinden, zunehmen. Alles klagt über einen Mangel an Kraft, es fehle an Glauben und Liebe und Leben. Es fehlt das öffentliche Interesse, trotz Einladungen und Plakataktionen kommt so gut wie keiner in die Gemeinde. Evangelistisch sieht es öde aus, wir können der Welt nichts mehr verkaufen. Jeder aufrichtige Bruder wird zugeben, daß die Jahre des Überflusses und der Fruchtbarkeit in geistlicher Hinsicht vorüber sind. Wann war die letzte Erweckung? Wir leben in Tagen großer innerer Armut und mancherlei Leiden, in den Gemeinden und Familien herrschen traurige Zustände, und es ist nicht abzusehen, wo das noch enden soll.

Die „letzten Tage" sind greuliche Zeiten (2.Tim.3,1-5), Notzeiten, nicht wirtschaftlich, sondern geistlich. Wir kommen um im Wohlstand, aber trotz wirtschaftlicher Sicherung wie nie zuvor macht sich unter den Gläubigen eine zunehmende Ratlosigkeit und Angst vor der Zukunft breit. Woran liegt das? Es fehlt den Seelen die rechte Speise, wir brauchen ein erlösendes Wort, ja einen neuen Dienst am Wort. Nach Gottes Plan hat auch uns die „Hungersnot" erreicht, um uns auf eine neue Fülle in Christo, einen neuen Segensstrom hinzuweisen, den man bisher kaum beachtet hat. Jakob sagte zu seinen Söhnen: „Was sehet ihr einander an?" Sie waren in großer Verlegenheit, keiner wusste Rat. Alle Vorräte waren aufgebraucht. Wie sollten sie ihre Familien versorgen, woher Brot für die Kinder? Was können wir unserer Jugend noch anbieten, wenn sie bereits ihr Herz der Welt zugewandt hat? Begeistern mit der Bibel kann man sie nicht mehr.

Was muss noch kommen, um uns für den wahren Jesus in Herrlichkeit zu interessieren? Wir müssen die Offenbarung im Lichte des Evangeliums betrachten, es ist der Dienst des Geistes. Siebenmal lesen wir „Wer ein Ohr hat, höre was der Geist den Gemeinden sagt!" Wir hätten unbedingt etwas anderes nötig, als das elende Politisieren und Spekulieren mit der Prophetie, als ob man für das richtige Verständnis der Bibel die Zeitung benötige, die den Geist der Welt atmet. Laßt uns das letzte Buch der Bibel, die Offenbarung Jesu Christi, geistlich betrachten, damit sie zur Seelenspeise wird, denn nur das geistliche Wort gibt uns neue Kraft. Jesus ist auch in der Offenbarung das Lamm und nicht der Gewaltherrscher gleichwie an dem Charakter Josephs als Herrscher in Ägyptgen sich nichts geändert hat, er blieb derselbe Bruder, der sein Leben für die Brüder, die ihn hassten, riskierte.

Ein kurzes Wort zur geistlichen Schriftauslegung. Oft wird dieselbe als „Vergeistigung" geschmäht, als ob dadurch die Dinge unwirklich würden, sozusagen nur eine gedankliche Exegese, ein

Gedankenspiel sei ohne Bezug zur Wirklichkeit. Dies ist wohl oft in den Schriften der Mystiker der Fall. Nicht jede allegorische (d.h. anders als wörtlich gemeinte, sinnbildliche) bzw. metaphorische (d.h. übertragene) Deutung der Schrift ist deshalb schon wahrhaft geistlich, d. h. dem Geiste Gottes gemäß, „mitteilend geistliche Dinge durch geistliche Mittel" (1.Kor.2,13). Sie muß vielmehr die Wahrheit sein und auf Herz und Gewissen wirken, sie muß „nütze sein zur Lehre, zur Überführung, zur Zurechtweisung, zur Unterweisung in der Gerechtigkeit, auf daß der Mensch Gottes vollkommen sei, zu jedem guten Werke völlig geschickt" (2.Tim.3,14-17). Um Nutzen aus dem Wort zu ziehen, müssen wir das Gelesene verstehen und den Sinn geistlich erfassen. Geistliches Verständnis ist ein neues Schriftverständnis im Gegensatz zu dem buchstäblichen des alten Bundes, sodaß „wir dienen in dem Neuen des Geistes und nicht in dem Alten des Buchstabens" (Röm.7,6; 2. Kor.3,6). Geistliches durch Geistliches (1.Kor.2,13). Um den Willen Gottes zu erkennen und würdig des HErrn zu wandeln, brauchen wir geistliches Verständnis, ja wir sollen damit erfüllt sein (Kol.1,9).

Bezüglich des Alten Testamentes erkennt man dies im allgemeinen an, zumal das Wort vielseitig anwendbar ist, je nach Situation und Bedürfnis der Seelen. Der Einwand, man dürfe nicht alles vergeistigen, wird gewöhnlich nur bei der geistlichen Deutung der Propheten und der Offenbarung erhoben. Hier soll es anders sein, obwohl Paulus sein Evangelium auf die „prophetischen Schriften" (Röm.1,2; 16,26) gründet, „indem ich nichts sage außer dem, was auch die Propheten und Moses geredet haben" (Apg.26,22). Wie weit sind wir hinter der Verkündigung der Apostel, deren Hauptthema die Propheten und deren Erfüllung waren, zurückgeblieben. Statt zur Erkenntnis des Sohnes Gottes zu gelangen, „zu dem erwachsenen Manne des vollen Wuchses der Fülle des Christus" (Eph.4,13), sind wir Kinder geblieben, die alles natürlich beurteilen. „Als ich ein Kind war, redete ich wie ein Kind, dachte wie ein Kind, urteilte wie ein Kind" (1.Kor.13,11). Dies gilt nicht nur für das Aufhören der Zungen, sondern auch, um zu besseren Erkenntnissen zu kommen und die natürliche, kindliche (oft auch kindische) Anschauung der Propheten aufzugeben. Wir erkennen stückweise, das heißt nicht im Sinne von stümperhaft, sondern Stück für Stück mehr, bis zur vollen prophetischen Erkenntnis, die dazu führt, uns selbst zu erkennen, wie wir von Gott erkannt worden sind im Angesicht Christi. Diesem Zweck dient auch das Buch der Offenbarung, es führt uns durch die Erkenntnis Christi zur Selbsterkenntnis und damit zur Selbstreinigung und Selbstüberwindung.

Was bisher mit diesem wunderbaren Buch geschehen ist, war keine Deutung, die uns Christus näher gebracht hat. Es existiert m.W. keine einzige Betrachtung über die Offenbarung, die zuverlässig und als Wahrheit erwiesen wäre, geschweige denn, daß sie die Glückseligkeit brächte, die dieses einzigartige Buch verheißt. Keiner der anerkannten Ausleger hat Christus darin erkannt. Luther war ehrlich genug, seinem Verdruß Ausdruck zu geben, den ihm die Übersetzung der Offenbarung bereitet hat, weil er Christus nicht darin erkennen konnte. Auch Spurgeon bekannte: „Ich verstehe die Offenbarung nicht, aber ich glaube sie von Herzen". Andere, die sich mehr zutrauten, als sie Licht hatten, haben sie fleischlich gedeutet und Christus zum Massenschlächter gemacht, obwohl Sein Schwert keineswegs fleischlich ist, sondern das geistliche Schwert des Wortes Gottes. Wenn wir eine Auslegung über die Offenbarung lesen oder hören, die nicht gewiß und wahrhaftig ist wie die Worte dieses Buches selbst, so wenden wir uns am besten ab (Offb.19,9; 21,5; 22,6.18.19). „Wenn jemand redet, so rede er als Aussprüche Gottes" (1.Petr.4,11), und in diesen wird alles verbindlich und zuverlässig bezeugt, nichts ist zweifelhaft oder nur wahrscheinlich, und alles deckt sich mit der Lehre der

Apostel. So muß es auch mit der Auslegung der Offenbarung sein, wenn sie einer dürstenden Seele Erquickung bringen soll. In dem letzten Buch der Bibel ist eine Menge Speisevorrat für uns aufgespeichert, sie enthält die ganze Schrift im Extrakt, genug für uns und für die ganze Welt.

Obwohl die Worte des Buches der Offenbarung nicht versiegelt sind, also direkt zugänglich sind, um sie zu verstehen, bedürfen wir doch der Offenbarung durch den Geist Gottes. Die Offenbarung muss in der Tat offenbart werden. Gerade so wie auch Paulus das Geheimnis der Vereinigung von Juden und Heiden in einem Leibe, wie es zuerst die Josephgeschichte zeigt und die Propheten geweissagt haben, offenbart werden musste (Eph.3), Ohne Offenbarung von oben versteht man nichts von den göttlichen Dingen. Der Geist der Wahrheit und Weisheit muß uns erleuchten, um das Geheimnis Gottes, Christus, zu ergründen (Offb.10,7). Wir brauchen eine Offenbarung über den Sohn, wenn wir wieder fruchtbar sein wollen. Paulus ist durch Offenbarung das Geheimnis kundgetan worden (Eph.3,3-6), nicht etwa, wie manche denken, außerhalb der Schrift, sondern durch geistliches Verständnis der Vorbilder der Schrift. Hier finden wir wie in einer Goldgrube die ganze „Breite und Länge und Tiefe und Höhe" des Christus, es sei die Wahrheit von dem Reiche Gottes, dem geistlichen Tempel, dem Priestertum, der Gemeinde als Weib und Leib; alles, was er verkündigt, ist in der Schrift enthalten. Die Offenbarung Jesu Christi enthält alle Schätze der Weisheit und Erkenntnis und das Brot des Lebens.

Ich möchte die Brüder ermutigen, sich über alle Grenzen hinweg zusammenzufinden und Schritt für Schritt die Offenbarung zu erforschen, um den Reichtum des Christus kennenzulernen. Wenn danach noch kein Bedürfnis vorhanden sein sollte, so wird es schon bald zu einer Existenzfrage für das geistliche Leben werden. Die gegenwärtige Not wird uns zwangsläufig auf das Gebiet der Offenbarung und zu der rechten Auslegungsart führen, die uns Speise, Licht und Leben gibt. Wir werden in der Offenbarung gute Weide finden, sie soll das „Beste des Landes" sein, ordnete der Pharao an.

Noch erscheint Jesus uns in Seiner Offenbarung sehr fremd, er ist uns so fremd wie unsere ganze Haltung zu diesem Buch. Deshalb hat man alles auf die Welt gedeutet und sich selbst den Gerichten entrückt, die uns aber heute herunterholen. Wer versteht seine Sprache? Wer hört die Stimme des Geistes? Die dem Geiste folgen, werden selbst in den Zornesschalen tiefer in die Herrlichkeit des Wesens des Lammes eingeführt, in welches wir dadurch verwandelt werden. Wenn dies unser aufrichtiges Begehren ist, werden wir in dem Handeln Josephs mit seinen Brüdern den Weg zur Herrlichkeit der Offenbarung Jesu Christi sehen und zur „Einheit des Glaubens" kommen (Eph.4,13).

Die Brüder kommen

„Wer hat den Sinn des Herrn erkannt?" (Röm.11,33-36)

„Und Jakob sah, daß Getreide in Ägypten war, und Jakob sprach zu seinen Söhnen: Was sehet ihr einander an?" Große Ratlosigkeit im Hause Jakob. „Siehe, ich habe gehört, daß Getreide in Ägypten ist; ziehet hinab und kaufet uns von dort Getreide, daß wir leben und nicht sterben".

Hat es nur Jakob gehört, haben sie es denn nicht gehört? Sicher haben sie die sieben Jahre den Überfluss bemerkt, ohne dass ihnen das angekündigt wurde. Mit einer kommenden Hungersnot haben sie offenbar nicht gerechnet, sonst hätten sie Vorräte für ihre Familien angelegt. Man kann so unbesorgt sein, weil die Entrückung jeden Augenblick geschehen kann, so die Brüderlehre. Und jetzt nach Ägypten hinabziehen? Ist dieser Weg nicht eine arge Demütigung für die Söhne? Müssen wir nicht auch hinabziehen von unserer geistlichen Höhe. Muss sie das nicht an den erinnern, den sie dorthin verkauft haben? Schon Abraham zog wegen einer schweren Hungersnot im Lande seiner Verheißung nach Ägypten hinab, fürchtete aber dort um sein Leben um Sarais, seines Weibes willen. Nach Ägypten hinab, o das ist ein Risiko. Wir müssen auf dem Boden der Verheißung bleiben, höre ich sagen. Andere, wir dürfen die Gemeinde nicht verlassen. Nun, diesmal treibt sie die Not um die Familie, die Kinder haben Lebenshunger, oder sie werden sich von den Dingen der Welt anziehen lassen.

Es wird Zeit zum Aufbruch, die Männer haben ihre Frauen zurückgelassen und zogen alleine los. Auch Benjamin zog nicht mit seinen Brüdern, weil Jakob fürchtete, „daß ihm etwa ein Unfall begegnet". Jakobs Misstrauen gegen seine Söhne saß tief. Noch immer trauerte er über das mysteriöse Verschwinden Josephs, der von einem wilden Tier getötet worden sein soll. Nun gut, Benjamin bleibt beim Vater, er ist als letzter von der Rahel sein Liebling. Gott erspart ihm das, was die Brüder erwartet; er ist ja völlig unbeteiligt, ja unschuldig und unbefangen, „Und so kamen die Söhne Israels unter den Ankommenden, um Getreide zu kaufen".

Die kleine Gruppe, die da in Ägypten ankommt, ist nichts Besonderes unter allen Ankommenden. Vielleicht dachten sie, als Hebräer müsste jedermann auf sie aufmerksam werden. Diese Denkweise sitzt den Brüdern tief im Fleisch. Doch sie müssen sich anstellen wie jedermann, ihnen werden auch keine Sonderpreise eingeräumt, weil früher mal gute Beziehungen zwischen dem Pharao und Abraham bestanden. „Was nun? Haben wir einen Vorzug? Durchaus nicht; denn wir haben sowohl Juden als Griechen beschuldigt, dass sie alle unter der Sünde seien" (Röm.3,9). Lesen wir die Beschuldigungen in den Sendschreiben: „Ich habe wider dich...". Da haben sich eine Menge Sünden aufgehäuft, die nie bereut, ungerechte Handlungen, die nie wieder gutgemacht wurden. Und dann sollen wir teilhaben an der Herrlichkeit Christi?

„Und Joseph, e r war der Gebieter über das Land, e r verkaufte das Getreide allem Volke des Landes. Und die Brüder Josephs kamen und beugten sich vor ihm nieder, mit dem Antlitz zur Erde. Und Joseph sah seine Brüder und erkannte sie; aber er stellte sich fremd gegen sie". Schon merkwürdig, dass sie sich so tief vor ihm niederbeugen; kein Mensch des Landes tat das. Man bekam Getreide und zahlte seinen Preis. Wer würde sich schon vor einem Wirtschaftsminister verbeugen? Vor keinem Menschen muss man sich beugen, sondern allein vor Gott, und das kann nicht tief genug sein. Alles andere ist geheuchelt. Vor den Kapiteln 4 und 5 der Offenbarung beugen wir uns tief, aber ab Kapitel 6 reiten wir die Apokalypse, als seien wir schon entrückt. Die Reiter haben eindeutig einen biblischen Hintergrund, sie erklären sich nur mit dem Königtum Israels von David bis zur Wegführung, und das ist auch die Geschichte des Königtums in Jesu.

Es ist völlig verkehrt, für uns eine Sonderstellung in der Offenbarung herausdeuten zu wollen. Hier sind wir allen Sterblichen gleich vor Gott, auch in derselben Lage wie die Welt. Auslegungen, die gleich von Kapitel 4 auf Kapitel 19 springen, sind leichtfertig, wenn sie das 16. Kapitel übergehen. Der Mahnruf richtet sich an jeden Bekenner: „Siehe, ich komme wie ein Dieb. Glückselig, der da wacht und seine Kleider bewahrt, auf daß er nicht nackt wandle und man seine Schande sehe" (16,15). Damit können ja nur Christen gemeint sein, besonders Laodicäer. Stellen wir uns vor, der Christ schläft und wird plötzlich von einer Stimme aufgeschreckt: das Haus brennt. Er springt auf, aber seine Kleider sind weg. Er flieht um sein Leben nackt auf die Straße. Wie peinlich. Schuld war die einschläfernde realitätsferne Prophetie, die kein Sendschreiben wirklich ernstnimmt (Offb. 3,3). Es ist Zeit zum Aufwachen, Brüder!

Nun wieder zu Joseph, er hat nicht unter den Ankommenden nach seinen Brüdern ausgeschaut, ob sie nicht auch darunter wären. Er erkannte sie erst, als sie sich so außergewöhnlich tief vor ihm beugten. Offensichtlich war er überrascht über ihr Erscheinen. Joseph hat immer abgewiesen, dass man sich vor ihm beuge, auch bei denen, die ihn zu Unrecht ins Gefängnis gesetzt hatten wie der Potiphar, der sich ihm jetzt unterwarf. Vor Ihm niederfallen verlangte auch Jesus nicht. Joseph hat sich auch selbst nicht vor dem mächtigen Pharao gebeugt, als er gerufen wurde, sondern begegnete ihm Auge in Auge. Als Joseph seine Brüder erkannte, forschte er argwöhnisch: „Woher kommt ihr?" Bei den Fremden hat er nicht danach gefragt, aus welcher Gegend oder welchem Land sie kommen. Das interessierte ihn nicht. „Und sie sprachen: Aus dem Lande Kanaan, um Speise zu kaufen." Sie erkannten ihn nicht, er tat sehr unnahbar und behandelte sie strenger als Fremde. Hatten sie ihn einst doch so erbarmungslos behandelt, so daß er auch jetzt nicht daran dachte, sie bevorzugt zu behandeln. Im Gegenteil, seine Gefühle für sie waren gänzlich erstorben, sein Erbarmen mußte erst geweckt werden. Die Kluft zwischen ihm und ihnen war zu groß, um alles, was geschehen war, einfach zu übergehen. Es lagen nicht nur Jahre dazwischen, sondern Welten. Seine Stellung war zu hoch und zu heilig, um sich mit ihrem fleischlichen Herzenszustand einzumachen. Erst jetzt fielen ihm seine Träume wieder ein, als sie sich vor ihm beugten.

Es wäre gut, wenn wir schon soweit wären, daß die „Träume", die die Propheten und Apostel gehabt haben und die sich in der Offenbarung Jesu zur Errettung der Seele erfüllen, uns bewußt werden (vgl. Jer.31,1-26; 1.Petr.1,9-13). Weil wir sie nicht ernst genommen haben, trifft auch uns die Verdächtigung Josephs: „Ihr seid Kundschafter; um zu sehen, wo das Land offen ist, seid ihr gekommen". Die bisherige Beschäftigung mit den Propheten und insbesondere der Offenbarung war eher ein Kundschaften zur Befriedigung der Neugierde, bestenfalls ein Suchen nach Troststellen, weshalb man die Offenbarung auch ein „Trostbüchlein" genannt hat. Die Offenbarung hat einige „offene Stellen", besonders am Anfang und Ende, die uns direkt zugänglich und verständlich sind. Aber was dazwischen liegt, etwa von Kapitel 6 bis 19, ist in Dunkel gehüllt und läßt nur Vermutungen zu.

Wir verstehen nun vielleicht etwas die Härte, wie der HErr mit den Gemeindeengeln, besonders mit dem laodicäischen Engel, redet. Es ist wegen der Uninteressiertheit an den Dingen, die Seine Herrlichkeit ausmachen. Man war so selbstzufrieden und selbstgefällig und blind. Und auch jetzt noch, da unsere Armut und Bedürftigkeit immer offenkundiger wird, sieht man in der Erkenntnis der Offenbarung keine Heilsnotwendigkeit, vielleicht nur Informatorisches über das, was nach uns kommt. Diese in der Tat laue Einstellung gegen das, was dem HErrn Jesus das Höchste ist, was Ihm auf der Seele brennt, macht Ihn ziemlich hart und kühl gegenüber den Gemeinden und jedem Forscher in der Weissagung, der nicht Christus darin sucht. Darauf weist der „goldene Gürtel" hin, mit dem Seine Brust umgürtet ist und der Seine Zuneigungen zurückhält (Offb.1,13). Doch auch seinen Namen verschweigt er. In jedem Sendschreiben stellt er sich anders vor: „Dieses sagt, der...". Nur Johannes gibt Er sich zu erkennen.

Der HErr will mit dieser Behandlung zunächst einmal prüfen, ob wir ehrlich und aufrichtig sind, ob wir wirklich an der Wahrheit interessiert sind. Die Brüder Josephs taten so, als ob sie die ehrlichsten Leute von der Welt wären; sie mochten selbst glauben, daß sie arglos und unschuldig waren. Ihrem Bekenntnis nach schien auch ihr Verhältnis zu ihrem Vater in Ordnung zu sein, denn sie bekennen wahrheitsgemäß, daß sie e i n e n Vater haben und zwölf Brüder sind, „und siehe, der jüngste ist heute bei unserem Vater, und der eine ist nicht mehr." Auch wir bekennen die Einheit des Leibes und der Familie Gottes und dass wir alle einen Vater im Himmel haben. Daran knüpft der HErr an, Er weiß, wie es praktisch mit unserer Gemeinschaft mit dem Vater und Seinem Sohn aussieht; denn ihr Prüfstein ist die Liebe zu dem Bruder (1.Joh.3,14). In den Tagen der Apostel war das noch ein einziges Liebesband: „Was wir gesehen und gehört haben, verkündigen wir euch, auf daß auch ihr mit uns Gemeinschaft habet; und zwar ist unsere Gemeinschaft mit dem Vater und mit seinem Sohne Jesus Christus" (1.Joh.1,3).

Aber was ist mit dem einen, von dem sie sagen, „der ist nicht mehr"? Ist ihm das Brudersein abgesprochen worden? Erinnert man sich nicht mehr gerne an ihn, ist er in Vergessenheit geraten? Oder ist er inzwischen abgeschieden? Sein Name weckt in ihnen unangenehme Erinnerungen. Doch der Eine, der alles sieht und weiß und richten wird, lebt noch. „Ich war tot, und siehe, ich bin lebendig von Ewigkeit zu Ewigkeit und habe die Schlüssel des Todes und des Hades." (Offb.1,18). Ob unser Bekenntnis ehrlich ist, wird Er prüfen. Joseph verlangt, „wenn ihr von hier weggehet, es sei denn, daß euer jüngster Bruder hierher komme! Sendet einen von euch hin, daß er euren Bruder hole; ihr aber bleibet gefangen, und eure Worte soll geprüft werden, ob Wahrheit bei euch ist; und wenn nicht, beim Leben des Pharao! so seid ihr Kundschafter. Und er setzte sie drei Tage in Gewahrsam."

Die Brüder können natürlich nicht einen von ihnen zurückschicken und den jüngsten holen lassen. Dafür ist der Weg zu weit, und auch der Vater wird das nicht zulassen. Dennoch, Joseph will alle noch lebenden Brüder sehen, keiner darf fehlen. Obwohl die Brüder außer Benjamin nicht von seiner geliebten Mutter, der Rahel, waren, so sind sie doch allesamt seine Brüder, weil sie e i n e n Vater haben. Auch wir dürfen keinen Unterschied machen zwischen Brüdern und Brüdern im HErrn, ob sie aus der Kirche kommen oder einer Denomination angehören. Selbst Gläubige in der katholischen Kirche, und die gibt es, sind unsere Brüder und Schwestern. Das darf man nicht verwechseln mit der Oekumene, die keine Gemeinschaft der Heiligen ist.

Auf Geheiß Josephs werden die Brüder zusammen in Gewahrsam gesetzt. Es ist wie eine Untersuchungshaft. Der Prozess läuft. Die Leibwache, rauhe Knechte, fallen ziemlich wild über die zehn bärtigen Männer her und werfen sie ins Gefängnis. Hatten sie eine solche Behandlung verdient? Drei Tage hatten sie nun Zeit, über die weiteren Schritte zu beraten. Sie werden nicht gefesselt und nicht geschlagen, bekamen auch ganz sicher genügend zu essen. Die „drei Tage" dienen dazu, ihre Gewissen zu üben und über die brüderlichen Beziehungen nachzudenken. Die rauhen Worte des Geistes in den Sendschreiben sollen auch uns zum Nachdenken bringen. Die Maßnahme betrifft alle, unterschiedliche theologische Ansichten, typische Lehrstreitpunkte wie über die Taufe etc. spielen hier keine Rolle mehr. Wir sitzen in der Offenbarung Jesu Christi alle in Gewahrsam. Was ist mit dem einen Bruder geschehen, von dem die Brüder sagen: „der eine ist nicht mehr." Und warum ist der andere, „der jüngste", nicht in ihrer Mitte? Darin liegt die ganze Tragik, dass wir keine echte Gemeinschaft miteinander und untereinander haben und teilweise auch äußerlich ganz getrennt stehen. Auch die Jünger Jesu waren dieser drei-Tage-Trübsal unterworfen, um vom Alten zum Neuen, ja zu einer neuen Beziehung mit Jesus und untereinandern zu kommen. Joseph handelt so angemessen wie Jesus. Brüder sind da oft erbarmungslos, wenn sie ständig den Geschwistern ein schlechtes Gewisssen einreden, besonders in rußlanddeutschen Gemeinden. Wegen e i n e r verborgenen Sünde, die der Täter nicht bekennt, fällt die ganze Gemeinde ab, der Übertreter aber geht verloren und wird in den Feuersee geworfen. Solche Verdächtigungen sind unangemessen und auch unwahrhaftig, als ob die Gemeinde ansonsten vollkommen rein wäre. Da sind so viele Dinge, die Gott nicht recht sind, auch bei der Predigerschaft, aber sie suchen den e i n e n Sünder.

Die Schuld der Brüder Josephs ist eine Kollektivschuld, sie alle waren daran beteiligt. Joseph verkauft, den Vater getäuscht, und dann sich als die ehrlichsten Leute darzustellen, kann der HErr nicht übergehen. Was ist mit dem Bruder geschehen, den der Vater zu den Brüdern gesandt hat, um nach dem Wohl der Herde zu sehen und vielleicht die Hirten zurechtzuweisen? Was ist mit all den Brüdern geschehen, die der HErr beauftragt hatte, zu ermahnen, zu lehren, zu überführen und vielleicht auch zu strafen? Man konnte sie nicht mehr ertragen, man hat sie verketzert und aus der Gemeinde ausgeschlossen, ja ausgestoßen. Der HErr wird jene, die sich an treuen Brüdern vergangen haben, auch einmal hart behandeln, wenn sie nicht über ihr ungerechtes Handeln zur Einsicht kommen.

In dem Gefängnis, wo die Brüder nun sitzen, spielen sich dramatische Szenen ab. Das zeigt der Josephfilm sehr eindrücklich. Sie machen sich gegenseitig bittere Vorwürfe, raufen sich die Haare, drohen mit Fäusten. Dass es nicht zu einer Schlägerei kommt, ist alles. „Am dritten Tage sprach Joseph zu ihnen: Tut dieses, und ihr sollt leben; ich fürchte Gott: Wenn ihr redlich seid, so bleibe einer eurer Brüder gefangen im Hause eures Gewahrsams; ihr aber, ziehet hin, bringet Getreide für den Bedarf eurer Häuser; und euren jüngsten Bruder sollt ihr zu mir bringen. Da sprachen sie einer zum anderen: Fürwahr, wir sind schuldig wegen unseres Bruders, dessen Seelenangst wir sahen, als er zu uns flehte, und wir hörten nicht". Wenn du, lieber Mitbruder, solches erlitten hast, weil du Brüder vor einer Ungerechtigkeit oder einem Irrweg warntest, dann sei nicht bitter gegen sie, wenn du für sie vielleicht nicht mehr lebst und man dich nicht mehr grüßt. Resigniere nicht, denn der HErr hat die Sache nicht vergessen, auch wenn sie schon wie in unserem Vorbild viele Jahre zurückliegt. „Wehklagen werden seinetwegen alle Stämme des Landes" (Offb.1,7).

„Darum ist diese Drangsal über uns gekommen", sagen sie sich. Glücklicherweise war die große Drangsal hier nur drei Tage. Die gegenwärtige Zeit ist eine „Drangsal für Jakob" (Jer.30,7); eine „große Drangsal" ist über uns alle gekommen, die einen mit gutem Gewissen, die anderen wegen ihres bösen (Offb.2,10.22). Doch werden wir daraus gerettet werden (Offb.7,14), anders würden wir die „greulichen Zeiten" der letzten Tage nicht überstehen (2.Tim. 3,1). Die Gottlosigkeit der Menschen, die mit keiner Zeit zu vergleichenden Versuchungen der Welt, die Umkehrung von Sitte und Ordnungen, der Weltgeist in den Gemeinden, der Autoritätsverlust der Führer und Väter, die Eheprobleme und Familiennöte, die Erziehungsschwierigkeiten, die Kinder gehorchen nicht mehr und verlassen ihre Eltern. Zu all diesen Drangsalen die Bedrängnisse der Seele durch Zweifel, Mutlosigkeit, Unverstandensein usw. Da mag mancher fragen, warum diese Drangsale? Wer ist nicht davon betroffen? Auch ein gerechter Mann wie Ruben, der die Brüder gewarnt hat, nimmt daran teil, außer Benjamin, der von der „großen Drangsal" nichts weiß, nicht einmal von der „Stunde der Versuchung" (Offb.3,10). Wer sehnte sich nicht nach dem Tag der Erlösung, nach Zeiten der Erquickung und Gemeinschaft? Wer wünschte nicht eine Erweckung nach den Jahren der Dürre? Wir fühlen, daß wir zusammenrücken müssen; der Wunsch nach Einheit und Gemeinschaft ist in letzter Zeit sehr belebt worden, auch das ist der Zweck der Übung.

Als Joseph die Selbstanklage der Brüder hörte, wandte er sich von ihnen ab und weinte; es tat ihm weh, so mit ihnen verfahren zu müssen. Gleicherweise hört auch der HErr Jesus das Seufzen und Wehklagen der Seinen, und Er versteht sie. Er hat Mitleid mit uns, es läßt Ihn nicht unberührt, wenn Er unsere Klagen und Gebete hört, wenn Er sieht, wie Väter und Mütter um ihre verlorenen Kinder weinen, die leiblichen und geistlichen. Wie gerne würde Er ihnen Sein Mitgefühl zeigen, aber Er muß sich Gewalt antun, denn noch fehlt die Erkenntnis, daß in diesem allem der HErr am Werke ist. Wenn wir in dieser Glaubens- und Gewissensprüfung doch die Hand des HErrn erkennen wollten. Die Dinge, die uns widerfahren, einmal von Gott her zu sehen, darin liegt die Wende unserer Drangsal, und dann kommt Licht ins Herz.

Dann sagte Joseph: „Wenn ihr redlich seid, so bleibe einer eurer Brüder gefangen ... und er nahm Simeon aus ihrer Mitte und band ihn vor ihren Augen". Warum gerade Simeon und nicht einen anderen, etwa Sebulon? Joseph wusste von Sichem her, was dort passiert war, wie Simeon und Levi die Sichemer ermordet hatten, obwohl sie sie hätten gewinnen können (Kap.34). Simeon muss der Anstifter in der Gewalttat gewesen sein, Levi der Eiferer für Sitte und Moral. Jakob hat ihnen das nie verziehen, aber sie selbst glaubten, gerecht gehandelt zu haben. Simeon hatte nun Zeit, über seine Tat nachzudenken, da er nun in der Hand eines Stärkeren war.

Eiferer für das Gesetz vergehen sich selbst am Gesetz. Ganz krass sehen wir das bei den Juden, den Pharisäern und Schriftgelehrten, die Jesus beseitigen wollen, ebenso Paulus selbst, als er die Jünger Jesu verfolgte, bis Jesus sich ihm auf dem Wege nach Damaskus offenbarte. Simeonbrüder benötigen eine besondere Behandlung, weil sie so hart und unbarmherzig sind, auch gegen sich selbst, eigentlich unglückliche Leute. Heute gehen sie zwar nicht mehr wie in der Kirchengeschichte mit Gewalt vor, aber verbale Gesetzlichkeit ist ebenso gewalttätig wie betrügerisch: Sie schwören auf dem Buchstaben der Schrift und führen die Gnade im Munde, treten aber die Liebe mit Füßen. Man kann das freilich nicht von allen Brüdern sagen, es handelt sich nur um extreme Gruppen und Einzelfälle.

Ein Beispiel aus einer gläubigen Familie: Der Mann besteht darauf, dass eine gläubige Schwester einem Bruder nicht widersprechen darf oder ihn belehren, sie habe zu schweigen. Das verordnet er auch seiner eigenen Frau, sie müsse unterwürfig sein. Die Ermahnung zur Unterwürfigkeit richtet der Apostel jedoch an die Frau und gibt dem Mann nicht das Recht, über sie zu herrschen, sondern sie zu lieben. Andererseits soll eine Frau nicht über den Mann herrschen. Oft werden die Rollen vertauscht. Das Haupt der Familie soll vielmehr seine Kinder in Unterwürfigkeit halten und sie in der Zucht und Ermahnung des HErrn erziehen, nicht aber die Frau (Eph.5,22-6,4). Diese aber gab im vorliegenden Falle den Druck von oben weiter an ihre Hausangestellte. Dieselbe sollte tun, was ihr befohlen war und keine Einwände machen, konnte aber zu einer sinnlosen Arbeit nicht schweigen. Daraufhin kam es zum Konflikt, der zum Abbruch des Arbeitsverhältnisses führte. Was war zu tun? Wer sollte sich entschuldigen? Das wurde von der Angestellten erwartet, obwohl sich beide als Gläubige hätten demütigen müssen, denn in Christo gibt es weder Herr noch Knecht. Da es letztlich die Angestellte tat, fühlte sich die Herrschaft im Recht. Es gibt viele andere Beispiele von Gesetzlichkeit, aber dieser Fall würde einem Simeon gefallen.

Gesetzlichkeit führt immer zu Unrecht an anderen. Zwar müssen sich die Gläubigen nicht nach gesellschaftlichen Trends richten, die die Gleichberechtigung fordern. Aber das andere Extrem, der Frau den Mund zu verbieten, ist Unterdrückung und nicht geistlich und würde das Zeugnis vor der Welt zunichte machen.

Simeon war das Pfand, damit die Brüder wiederkämen und den Jüngsten mitbrächten. Also hat auch der HErr jetzt gewisse Brüder gebunden, nicht weil sie schuldiger wären als die übrigen, sondern weil Er Seine Segensabsichten mit ihnen und uns allen hat. „O Tiefe des Reichtums, sowohl der Weisheit als auch der Erkenntnis Gottes! Wie unausforschlich sind seine Gerichte und unausspürbar seine Wege! Denn wer hat den Sinn des Herrn erkannt oder wer ist sein Mitberater gewesen?" (Röm.11,33).

Man sollte über solche wie Simeon nicht den Stab brechen und sie abschreiben, weil sie nicht frei sind, etwa gefangen in einer starren Gemeindestruktur oder in ihrer eigenen Frömmigkeit und Hartherzigkeit. Wir schauen nicht in die Herzen. Es ist denkbar, dass Joseph glücklich war, wenigstens einen der Brüder in seiner Nähe zu haben, ganz von ihm abhängig; es ging Simeon bestimmt gut, ihn hat vielleicht die Freundlichkeit des Gefängniswärters gewundert und das gute Essen. Die anderen werden wiederkommen müssen.

Simeoniter sind auch Gläubige, die besser werden wollen, aber immer wieder in sich selbst, ihre Natur, ihr Wesen, ihre Fehler zurückfallen statt auf Jesus zu schauen. Vollkommen werden wir ja nie, wir sündigen jeden Tag, hört man sie sagen. Das raubt ihnen den beständigen Frieden, sie wissen nie, ob sie Gott angenehm sind, ob sie genug für Ihn tun, genug beten, genug Bibellesen, genug spenden. Und dann vielleicht noch die Selbstanklage wegen früherer Sünden, die eigentlich vergeben sind. Wie soll da ein Christ geistlich wachsen können. Benjamin hätte ihn belehren können, der sich allein auf das „vollbrachte Werk des Herrn auf Golgatha" stützt und bezüglich seiner eigenen Errettung völlig unbesorgt ist, auch wenn er fallen sollte. Es steht geschrieben, dass Christus uns „mit einem Opfer auf immerdar vollkommen gemacht hat" (Hebr.10,14). Also ist an der eigenen Vervollkommnung nichts mehr zu tun, wir sind bereits „vollendet in ihm" (Kol.2,10). Richtig, aber Ermahnungen benötigen wir trotzdem, um nicht abzufallen.

Simeoniter verwechseln Wachstum mit Anstrengung. Ein wiedergeborener Christ ist wie ein neugeborenes Kindlein. An dem gesunden Baby ist alles dran, nichts muss nachgebessert werden, es ist ein vollendeter Mensch, zwar noch klein, aber dennoch vollkommen. Es muss nur wachsen, „begierig sein nach der unverfälschten Milch des Wortes Gottes, auf daß ihr durch dieselbe wachset zur Errettung, wenn ihr anders geschmeckt habt, daß der Herr gütig ist" (1.Petr.2,2). Die Verwandlung in das Bild Christi geschieht ganz von selbst, wenn wir Seine Herrlichkeit anschauen (2.Kor.3,18). Dazu werden Simeon und nachher die Brüder bei dem Mahl reichlich Gelegenheit haben, wenn sie Joseph daran erkennen würden. Die rechte Speise, gesunde Lehre, Ermunterung und Ermahnung, im Glauben aufgenommen, fördert geistliches Wachstum. Alles andere ist das Werk des Heiligen Geistes mit uns und in uns, Denn Gott „wirkt sowohl das Wollen als auch das Wirken in euch, nach seinem Wohlgefallen" (Phil.2,13).

Die Simeoniter sind die Erinnerung für die Erlösungsbedürftigkeit, die ihre alte Natur nicht ans Kreuz gebracht haben, ja des ganzen Volkes Gottes, das so auseinander gerissen worden ist. Dieser Riss wird uns an den Söhnen Israels deutlich gemacht: Joseph ist gewaltsam abgetrennt worden, Benjamin ist deshalb zurückgehalten worden, Simeon ist gefangen, und die übrigen haben kein rechtes Verhältnis zum Vater, auch nicht untereinander. Die Teilung des Leibes Christi in verschiedene Gruppen und Lager könnte uns hierdurch nicht schmerzlicher vor Augen geführt werden. Wie verhängnisvoll wirken sich alle die Trennungen und Spaltungen heute aus. Die Ursachen waren oft persönliche Dinge, Neid, Herrschsucht, Verleumdungen, übles Nachreden, wobei auch oft Schwestern eine üble Rolle gespielt haben. Tiefe Spaltungen, die bis in die Familien und Ehen hineinreichen, sind durch Streitigkeiten über Lehren und Lehrpunkte entstanden, wobei jeder meinte und noch meint, im Recht zu sein. Im englischen Brüdertum schloß einer den anderen aus und jeder hielt sich für Philadelphia, den anderen aber für Laodicäa.

Oder nehmen wir die Pfingstbewegung, deren Geist als Richtgeist über viele Gemeinden gekommen ist und nicht nur gerichtet hat, wozu er bestellt war, sondern auch viel vernichtet hat, so daß diese Bewegung selbst die häufigsten Spaltungen aufweist und keiner dem anderen traut.

In diesem Jahrhundert hat es mehr Abspaltungen gegeben als in der ganzen Kirchengeschichte zuvor. Der Tempel Gottes ist im Abbruch, so daß fast kein Stein mehr auf dem anderen ist, jedenfalls kaum noch innige Beziehungen zueinander bestehen (Matth.24,2). Der HErr allein weiß die Leiden und Tränen, die alle diese Trennungen mit sich gebracht haben. Und wieviel Bosheit und Bitterkeit haben sie hinterlassen, wieviel unheilbare Wunden. — Die junge Generation weiß nicht viel davon, aber sie hat hart an den Folgen zu tragen und findet sich in dem Wirrwarr von Gemeinden kaum noch zurecht. Die Lage ist sehr ernst, denn überall brechen die finsteren Mächte ein, weil keine einheitliche Front mehr besteht.

Wir sind mit Recht um die Zukunft besorgt. Menschlich gesehen gibt es keine Einigung und Heilung. Denn es ist ganz unmöglich, die Dinge nach so vielen Jahren klären und ordnen zu wollen. Würde doch nur aufs neue Gram und Haß aufleben, und wer läßt schon eine Prüfung zu. Andererseits können wir auch nicht Unrecht für Recht erklären, und der Weg des Kompromisses und der Dogmenangleichung ist uns nicht gestattet. Der HErr hat ein anderes Heilmittel gefunden, um uns zu versöhnen, indem wir zunächst einmal anerkennen, daß auch die Trennungen von Ihm aus geschehen sind, wie Gott gesagt hat: „Ihr sollt nicht mit euren Brüdern streiten; kehret um, ein jeder nach seinem Hause, denn von mir aus ist diese Sache geschehen" (2.Chron.11,4).

Der HErr hat uns durch die Umstände alle in die gleiche Lage versetzt und auf einen Boden gestellt, so daß alle neu Seiner Gnade bedürfen. „Denn von ihm und durch ihn und für ihn sind alle Dinge; ihm sei die Herrlichkeit in Ewigkeit! Amen" (Röm.11,36).

JESUS KOMMT WIEDER

„JA, ICH KOMME BALD" (OFFB. 22,20)

Als Jesus gen Himmel auffuhr, indem die Jünger es sahen, „nahm ihn eine Wolke auf von ihren Augen hinweg". Die beiden Engel versichern ihnen, dass er also wiederkommen wird, „wie ihr ihn habt hingehen sehen in den Himmel" (Apg.1,9-11). Wie also kommt Jesus wieder? „Siehe, er kommt mit den Wolken, und jedes Auge wird ihn sehen..." (Offb.1,7). Was wir gegenwärtig erleben, ist nichts anderes als das Kommen des HErrn in Seiner Offenbarung. Während einige buchstäblich nach den Wolken schauen, und ein amerikanischer „Prophet" schon Jesus darin gesehen haben will, wissen wir heute, dass die Erde rund ist und nicht zugleich alle Ihn auf dem Erdball sehen können. Vielmehr will es uns deutlich machen, dass Er zunächst verhüllt, unsichtbar erscheint, gerade so, wie er hingegangen ist. Manche wollen die Entrückung noch davor schieben, aber die Verwandlung ist der letzte Akt, „bei der letzten Posaune" (1.Kor.15,52). „Jedes Auge wird ihn sehen, auch die ihn durchstochen haben, und seinetwegen werden Wehklagen alle Stämme des Landes. Ja, Amen". Dieses Amen fällt uns schwer. Wir würden lieber sagen, „Nein, bitte nicht, wir sind doch so ehrliche Brüder". Die Zustände in den Sendschreiben-Gemeinden, denen ja siebenmal Sein Kommen angekündigt wird, machen ein ernstes Handeln des Herrn Jesu erforderlich, und eben das wird viel Wehklagen auslösen, wie wir das bei den Brüdern Josephs sehen. Sie sahen ihren Bruder, erkannten ihn aber nicht in dieser Stellung und Kleidung. Uns ergeht es ähnlich, bis Er Sich uns sichtbarlich offenbart, was bald geschehen muß. Diesem Akt sollte noch eine zweite Vorstellung folgen, worin Joseph seine ganze Liebe und Freundlichkeit ihnen zeigte.

Wir verstehen durch das Vorbild Joseph, und die Ankündigung am Anfang der Offenbarung spielt deutlich auf die Geschichte Josephs an, daß alle Ihn sehen werden, auch die sich direkt an Seinem Leibe vergangen haben. Aber um Ihn zu erkennen, wer Er in Seiner Größe, Majestät und Pracht ist, bedarf es Seiner Offenbarung in Strenge und Güte. Er redet jetzt durch Seine Knechte zu uns, wie im Vorbilde der Dolmetscher Josephs; sie übersetzen uns das, „was der Geist den Versammlungen sagt" (Offb.2,7). Was uns in den sieben Sendschreiben gesagt wird, ist betrüblich genug, um darüber Buße zu tun, denn alles, was geschehen ist, ist dem HErrn angetan worden. „Seinetwegen werden wehklagen alle Stämme des Landes." Diese auf den christlichen Bekenntniskreis geredete Weissagung ist heute erfüllt; sie erfüllt sich an allen, die Er in Seiner Weisheit und Liebe überführt und züchtigt (Offb.3,19). Möge unsere Betrübnis nicht nur deshalb sein, weil wir Brüder, Freunde und vielleicht Kinder verloren haben, möge es eine Betrübnis „Seinetwegen" sein, weil wir Ihn bei alledem aus dem Auge verloren haben und Er, Sein Herz, verwundet worden ist.

Wenn der „Geist der Gnade und des Flehens" ausgegossen ist, – wie blind, ja töricht, das von den Juden zu erwarten, während es für uns aufgeschrieben ist, – werden Brüder nicht mehr einander schuldig sprechen und verklagen, sondern Gnade miteinander haben und füreinander beten. Sie werden zueinander finden, sie werden sich nacheinander sehnen und miteinander weinen. Sie werden bitterlich darüber weinen, daß sie den Bruder nicht in Christus und Christus nicht in dem Bruder erkannt haben, der die Brüder suchte mit dem Herzen Christi Jesu. Dies wird, wie Sacharja sagt, nicht durch ein bestimmtes Ereignis ausgelöst werden und auch nicht für alle zugleich sein. Es wird vielmehr die Frucht der

Wirksamkeit des Geistes der Gnade sein, wenn Brüder bei Brüdern herzliches Erbarmen finden. „An jenem Tage wird ein Quell geöffnet sein dem Hause Davids und den Bewohnern von Jerusalem für Sünden und Unreinigkeit" (Sach 12,10 - 13,1).

Die Herzensübungen, denen uns der HErr in dieser Trübsalszeit unterwirft, sollen bewirken, daß „euer jüngster Bruder hierher komme!". Benjamin stellt den letzten paulinischen Überrest „aus dem Samen Abrahams" dar (Röm. 11, 1), von dem die Brüder von ihrem Selbstverständnis her sagen, daß er noch vorhanden ist. Dem HErrn genügt es jedoch nicht, daß wir nur vom Überrest oder der kleinen Herde reden bzw. glauben, daß es in allen Gemeinden treue Kinder Gottes gibt. Der HErr will sie sehen, die Einheit der Gemeinde Jesu soll sichtbar werden, ja, sie muß sichtbar werden, wenn die Welt uns glauben soll, und dafür muß Benjamin herbei. Wer vom Überrest redet, meint gewöhnlich sich selbst als zugehörig zu dem kleinen Kreis der letzten Treuen. In unserer Geschichte ist es Benjamin. Unser „Benjamin" wird zwar im großen Kirchenkreis nur als einzelne oder kleine Randgruppe wahrgenommen, aber gerade deshalb ist er vom HErrn begehrt. Es ist die Weise Gottes, das Kleine und Schwache zu erwählen, um es groß und herrlich zu machen. Wie und wohin sollen wir diese Brüdergruppe dem HErrn bringen? Dies mag uns als eine unerfüllbare Forderung erscheinen, doch der HErr besteht darauf. Es soll uns in der Zwischenzeit nicht an „Getreide" und „Zehrung" auf dem Wege mangeln, die Er uns durch die Verheißungen des prophetischen Wortes gibt, denn „der HErr ist voll innigen Mitgefühls und barmherzig" (Jak.5,11). Aber diese Speise wird nicht lange vorhalten, wenn das geistliche Verständnis der Offenbarung fehlt. „Ich will auf den HErrn harren, der sein Angesicht verbirgt vor dem Hause Jakob, und will auf ihn hoffen" (Jes.7,17).

AUFRICHTIGKEIT

Zu Hause angekommen erzählen sie ihrem Vater Jakob alles was ihnen widerfahren war: „Der Mann, der Herr des Landes, redete hart mit uns und behandelte uns wie Kundschafter des Landes" Wahrheitsgemäß berichten sie, was sie gesagt haben und wie der Mann ihre Redlichkeit prüfen wollte: „Bringet ihr euren jüngsten Bruder zu mir, so werde ich erkennen, daß ihr nicht Kundschafter, sondern redlich seid; euren Bruder werde ich euch zurückgeben und ihr möget im Lande verkehren". Doch dann, als sie ihre Säcke leeren, „siehe da hatte ein jeder sein Geldbündel in seinem Sacke". Schon in der Herberge hatte das einer von ihnen entdeckt. „Da entfiel ihnen das Herz, und sie sahen einander erschrocken an und sprachen: Was hat Gott uns da getan!" Ja, Gott will nicht unser Geld, sondern unser Herz. Materialisten, Gläubige nicht ausgenommen, sind immer berechnend zu ihrem Vorteil. Wenn sie etwas kaufen müssen für ihren Lebensunterhalt, laufen sie umher, wo es am billigsten ist. Aber wenn sie Luxus, Schmuck und Eitelkeiten begehren, zahlen sie jeden Preis. Am besten gibt man ihnen gleich alles Geld zurück, welches sie für eine Dienstleistung zahlen müssen. Sparsamkeit und Geiz liegen dicht beieinander. Sie haben verstanden, was Gott ihnen sagen will. Doch jetzt vor ihrem Vater kam ihnen Furcht an, sie mussten vor ihm als Diebe erscheinen.

Der Herr des Landes ist ein gütiger Herr, aber der Retter der Welt will Aufrichtigkeit und Wahrheit. Vor Zaphnath-Paneach stehen wir auch in Seiner Offenbarung Jesu Christi, vor Ihm müssen wir alle offenbar werden. „Kommet, ihr Söhne, und höret mir zu: Die Furcht des Herrn will ich euch lehren" Ps.34,11). Gott hat Mittel und Wege, uns Seine Furcht zu lehren, weil wir sie vergessen haben und gerne alles schön unter den Teppich kehren.

Da besteht sogar für Laodicäer noch Hoffnung, die alles kaufen sollen, Gold, weiße Kleider, Augensalbe, aber dann sehen müssen, dass der HErr ihnen alles umsonst gibt, weil sie so arm sind, was sie nicht gerne zugeben. Hätte man die Vorbilder im Alten Testamtn, die auf Christus hinweisen, ernster genommen, wäre uns viel erspart geblieben. Nicht nur, dass ein Retter kommen soll, dass er leiden und sterben muss, sondern auch die Herrlichkeiten danach, in die er eingehen sollte, zeigt uns die Geschichte Josephs und andere Vorbilder sehr eindrücklich und verbindlich.

Im Hause Jakobs begann unterdessen ein verzweifeltes Ringen um Benjamin. „Ihr habt mich der Kinder beraubt: Joseph ist nicht mehr, und Simeon ist nicht mehr; und Benjamin wollt ihr nehmen; dies alles kommt über mich!" klagt Jakob. Ruben will die Beschützerrolle übernehmen, er hatte es schon bei Joseph gewollt: „Meine beiden Söhne darfst du töten, wenn ich ihn nicht zu dir zurückbringe". Nein! einem so herzlosen Vater kann Jakob seinen Benjamin nicht anvertrauen. Jakob lehnt ab: Begegnet ihm ein Unfall auf dem Wege, wäre seine letzte Hoffnung dahin, sie könnten ihn dann begraben. Die Linie des Segens Abrahams wäre dann auch mit dem letzten ihm verbliebenen Erben zu Ende. Glücklicherweise geht sie in Joseph weiter, denn der lebt noch. Jesus lebt! Das ist die Garantie auch für uns.

Die Hungersnot drängt zu einer Entscheidung, das Getreide ist aufgezehrt, ihre Familien leiden Not. Jakob drängt, „ziehet wiederum hin, kaufet uns ein wenig Speise." Nun meldet sich Juda zu Wort, er hat den Ernst der Lage erkannt. Entweder sterben wir hier alle – früher hat er zwar immer gelehrt, ein Gläubiger könne nicht verloren gehen, auch wenn er mal einen Seitensprung macht, wie er, oder einen Mord begangen hätte – jetzt aber nimmt er das Wort des Mannes sehr ernst, der gesagt hat: „Ihr sollt mein Angesicht nicht sehen, es sei denn euer Bruder bei euch". Schließlich entscheidet sich Juda, „wenn ich ihn nicht zu dir bringe und ihn vor dein Angesicht stelle, so will ich alle Tage gegen dich gesündigt haben", versicherte er. Er will Bürge für ihn sein. Es ist, wie wenn man Paulus hörte, „ich habe gewünscht, durch einen Fluch von Christo entfernt zu sein für meine Brüder, meine Verwandten nach dem Fleische" (Röm. 9,3). Er, der einst die Heiligen verfolgte, will nun selbst das Opfer werden für seine Brüder. Welch ein Gesinnungswandel auch bei Juda, er, der einst seinen Bruder verkaufte, in Sünde fiel und über Tamar hart und ungerecht urteilte (1-Mo.38,16.24), er will sich nun völlig hingeben, um des Vaters willen.

An etlichen Brüdern ist in letzter Zeit eine Veränderung vorgegangen wie bei Juda. Gott arbeitet an ihren Herzen, nicht zuletzt durch demütigende Erfahrungen, die sie machen mußten, um mitleidiger und mitfühlender zu werden. Sie haben über Brüder geherrscht, waren äußerst scharf im Urteil, wobei sie oft völlig daneben hauten. Aber dann fielen sie selbst in Sünde, vielmehr der HErr ließ sie fallen oder nahm sie in Seine Schule. Gott hat dadurch in ihnen innerliche Gefühle und Erbarmungen für andere geweckt, so daß sie Vertrauen erwecken, für einen besonderen Versöhnungsdienst befähigt zu sein, wozu der HErr sie ruft.

Andere Brüder wieder, die mehr Simeon gleichen, der bei Joseph gefangen ist, können sich nicht für andere verwenden, da sie eine gesetzliche Übung durchzumachen haben und nicht frei sind; man erkennt sie an ihrem Arme-Sünder-Bekenntnis, indem sie sehr mit sich selbst beschäftigt sind und sich ständig selbst beschuldigen, und auch andere richten. Sie werden in der Offenbarung Jesu Christi frei werden. Vielleicht sind sie dem Herrn näher als wir, gleichwie Simeon dem Joseph. Wie in der Josephgeschichte dreht sich auch in der Offenbarung zuletzt alles um die Brüder aus „Benjamin", gegenwärtig nur eine verhältnismäßig geringe Zahl, die heilig und abgesondert leben und über den Verfall trauern. Diese sind ohne Frage die Lieblingsbrüder des HErrn, und

Er möchte, daß sie aus ihrer Abgeschiedenheit hervortreten, um mit allen Brüdern Gemeinschaft zu haben. Interessant ist, dass bei der Versiegelung der Knechte Gottes als „Söhne Israels" der Stamm Benjamin zuletzt genannt wird, Juda zuerst, nicht ohne Grund, weil auch hier die Geschichte Josephs der Hintergrund ist (Offb.7,1-8). Wahrscheinlich wird es um Benjamin die größten Schwierigkeiten geben. Jakobs Befürchtung, es könnte Benjamin ein „Unfall" begegnen, ist auch für uns nicht unbegründet, wie wir noch sehen werden. Manchmal sind Erste Letzte, und Letzte Erste, war schon einmal.

Wir bilden in den Tagen der Offenbarung eine Bruderschaft, mittlerweile auch eine Notgemeinschaft, aktuell in der Schulsache sowie in dem uns umgebenden Abfall. Der HErr benutzt gerade auch die Schulnot, mit der wir wieder aufeinander angewiesen sind und unser Verhältnis zu Ihm und untereinander neu geklärt wird. Laßt uns deshalb einander helfen und beistehen und miteinander den Weg gehen, da wir doch auf demselben Wege zu sein bekennen: *zu Jesus!* Er wartet sehnlichst darauf, daß wir zu Ihm kommen, einzeln und gemeinsam. Dabei dürfen wir niemand ausschließen, auch wenn er uns unbequem ist oder geistlich noch nicht so weit ist wie wir oder einen anderen Gemeindehintergrund hat, er muß nur ohne Falsch sein. „Dies ist das Geschlecht derer, die nach ihm trachten, die dein Angesicht suchen – Jakob" (Ps.24). Vereinigungen und Bruderschaften interessieren Gott nicht, beim Ihm zählt der Einzelne. Allianz pflegen nur noch die Alten, Oekumene war gestern. Junge Leute und Familien suchen echte Gemeinschaft.

Die Wiederkunft Jesu ist nach unserem Vorbild zunächst eine Frage der Wiederkunft der Brüder. Ich leugne nicht die Entrückung, sie ist meine höchste Erwartung, damit „der Leib der Niedrigkeit umgestaltet wird zur Gleichförmigkeit mit seinem Leibe der Herrlichkeit, nach der wirksamen Kraft, mit der er ver-

97

mag alle Dinge sich zu unterwerfen" (Phil.3,21). Ich glaube aber ebenso fest, daß die Einheit des Leibes noch vor der Entrückung wieder sichtbar wird, werden muß. Es liegt nicht nur an dem Sohn, wann Er kommt, sondern auch an den Söhnen, wann sie zu Ihm umkehren. „Welche sollet ihr dann sein in heiligem Wandel und Gottseligkeit! indem ihr erwartet und beschleuniget die Ankunft des Tages Gottes" (2. Petr.3,12).

DAS „HOCHZEITSMAHL"

„GLÜCKSELIG, DIE GELADEN SIND ..." (OFFB. 19, 9)

Als die Männer zum zweitenmal kommen, behandelt Joseph sie
ganz anders als im Anfang, weil er sieht, daß Benjamin bei ihnen
ist. Sie sollen heute mit ihm essen – ihretwegen veranstaltet er ein
großes Schlachtfest, wie ein Hochzeitsmahl. Oder doch mehr ein
Abendmahl, als Gedächtnis an den einen Leib? Die freundliche
Einladung ins Haus Josephs macht sie sehr mißtrauisch, sie befürchten, daß „man über uns herstürze und über uns herfalle und
uns zu Knechten nehme" (43,18). Der Argwohn kam von ihrem
erweckten Gewissen, das durch die erste Behandlung in Tätigkeit
gekommen war. Der gute Geist des Hauses Josephs beruhigt sie:
„Friede euch! Fürchtet euch nicht!" Ihnen wird jede Wohltat und
Gütigkeit erwiesen, um sich auf den Augenblick der Begegnung
mit Joseph vorbereiten zu können. Die ganze Szene war durch Benjamin verändert worden. Simeon wurde freigelassen und Joseph ist
so wohltuend freundlich und zutraulich. Und doch trauen sie dem
Braten nicht, weil sie das alles nicht in Zusammenhang bringen
können mit dem, was ihnen vorher widerfahren war.

Geht es vielen Brüdern nicht ebenso, wenn man sie einlädt,
der Offenbarung Jesu Christi näherzutreten? Die meisten denken,
wenn sie über Offenbarung 4 hinausgehen, wenn sie die weiteren
Kapitel auf die Gemeinde deuten, kommen sie unter das Gericht.
Andere denken, auf die Gemeinde Jesu kämen noch schlimme
Dinge, ja eine Verfolgung zu. Auf jeden Fall besteht großes Miß-
trauen und Unbehagen bei der Betrachtung dieser Kapitel. Dies

wäre berechtigt, wenn es keinen treuen Überrest gäbe; an sich sind die Verheißungen durch den Unglauben verwirkt. Es gab zu allen Zeiten einen gläubigen Überrest, so auch jetzt, dem alle Verheißungen gehören und durch ihn auch denjenigen, die den Überrest der „Hundertvierundvierzigtausend" als das wahre Israel anerkennen bzw. sich ihm anschließen.

Wir können unsere Herzen beruhigen, wir kommen nicht in die große Trübsal, sondern umgekehrt, endlich, endlich heraus, zu überströmender Freude und Erquickung, einige aber mit Beschämung des Angesichts. Wenn wir dem Apostel Johannes in der Offenbarung folgen, bekommen wir eine ganz neue Sicht der Dinge vom Reiche Gottes. Der Seher wurde hier nicht dem Leibe nach entrückt, sondern erlebte eine Verzückung, um neue Offenbarungen sehen und hören zu können, die er danach aufschreiben und den sieben Gemeinden mitteilen sollte. Wir können uns also getrost mit der geheimen Offenbarung einlassen, sie ist nicht unser Gericht, wenn wir sie geistlich verstehen, sondern ein „Ehrengericht". Jesus hat in Seiner Offenbarung gute Speise für uns bereit, einen Strom von Wasser des Lebens für die durstigen Seelen, und das alles umsonst. Dies nicht nur auf den letzten Seiten dieses wunderbaren Buches, sondern in jedem Kapitel ist reichlich Trost und Heilung für alle. Es kostet gar nichts, außer das Verlangen danach. „Glückselig, der da liest und die da hören die Worte der Weissagung" (Offb.1,3).

„Als Joseph nach Hause kam, da brachten sie ihm das Geschenk, das in ihrer Hand war, ins Haus und beugten sich vor ihm nieder. Und er fragte nach ihrem Wohlergehen und sprach: Geht es eurem Vater wohl, dem Greise, von dem ihr sprachet? Lebt er noch?" Ja, er lebt noch! Aber solange nicht die Verbindung von Vater und Sohn in Seiner Offenbarung gesehen wird, ist er betrübt. Diese Verbindung sehen wir in dem *einen* Namen, den Namen des Lammes und seines Vaters, an den Stirnen der Hundertvierundvierzhigtausend auf dem Berge Zion geschrieben (Offb.14,1). Joseph ist zutiefst bewegt, Benjamin in ihrer Mitte zu sehen. „Ist das euer Bruder, von dem ihr sprachet? Und er sprach: Gott sei dir gnädig mein Sohn! Und Joseph eilte (denn sein Inneres war erregt über seinen Bruder) und suchte einen Ort, um zu weinen, und er ging in das innere Gemach und weinte daselbst".

Das würde auch mir ans Herz greifen, wenn ich meine Benjaminbrüder bei den Allianzbrüdern sähe, wie es Viebahn schon wollte. Es wäre für sie eine große Demütigung, mit ihnen gleichgestellt zu sein. Es wird so kommen müssen, damit Joseph-Jesus sich offenbaren kann. Nur zusammen werden wir begreifen, dass die Offenbarung Jesu Christi sich an alle Gemeinden richtet, und sie ist nicht das Ende aller Dinge, im Gegenteil, hier wird ein neuer Anfang gemacht, den wir noch erleben sollen. Wir sind h e u t e eingeladen zum „Hochzeitsmahle des Lammes" (Offb.19,9). Dies ist sicher eine kühne Behauptung, die allen unseren bisherigen Vorstellungen und Erfahrungen widersprechen mag. Doch sie ist eine geistliche Wirklichkeit. Wenn wir mit dem Vorbild Josephs mitgegangen sind, nehmen wir daran teil, ob wir uns dessen bewußt sind oder nicht. Die Hochzeit des Lammes ist nicht deshalb am Ende, weil zuletzt von ihr geschrieben ist. Mit ihr beginnt ein neuer Lebensabschnitt, eine eheliche Gemeinschaft, aus der Kinder hervorgehen und neue Vorrechte und Verantwortlichkeiten erwachsen.

Wenn Gott ein solches Bild gebraucht, dann hat es auch den Sinn von einer Hochzeit mit dem daraus hervorgehenden Nachwuchs. Anders wäre ja unser Verhältnis zu Jesus recht zweifelhaft. Zunächst aber des Hochzeitsessen. Weil man die himmlische Hochzeit so spät ansetzte, sind wir in den Augen der Welt ziemlich in Verruf geraten. Das klingt auch bei dem Mahle Josephs an, weshalb die Ägypter nicht mit den Hebräern essen dürfen, denn das ist allen Ägyptern ein Greuel. Nach dem Zeugnis des

Epheserbriefes sind wir im Geiste bereits mit Ihm versetzt in die himmlischen Örter, mit Ihm völlig einsgemacht, Sein Leib, Sein Weib, das Er nährt und pflegt; hier ist die Gemeinde nicht mehr verlobt, sondern wird mit Christus verheiratet betrachtet, und sie ist nicht unfruchtbar geblieben (Eph.5,22-33). Wenn wir dem Zeugnis Jesu und dem paulinischen Evangelium glauben, sind wir schon an die Hochzeitstafel des Königssohnes (Matth.22) versetzt, sitzend zu Seiner Rechten (Eph.2,6).

Könnten wir uns doch einmal ganz unbefangen und unvorbelastet an den Tisch des HErrn setzen, den der Geist in Seiner Offenbarung für uns bereitet hat, wir würden ein „fünfmal" größeres Ehrengericht von Ihm bekommen. Er möchte uns an all den Köstlichkeiten und Herrlichkeiten Seines Reiches teilnehmen lassen. Auf dem Hochzeitsmahl des Lammes ist das, was dem Fleisch ein Strafgericht ist, dem Geist ein Speisegericht, geistliche Leckerbissen dem geistlichen Menschen. Der natürliche Mensch kann dem freilich keinen Geschmack abgewinnen; „er kann es nicht erkennen" (1.Kor.2,12-14), weil er mit seinem Verstande die Dinge Gottes erfassen will und sie sich naturalistisch vorstellt. „Wir aber haben nicht den Geist der Welt empfangen, sondern den Geist, der aus Gott ist, auf daß wir die Dinge kennen, die uns von Gott geschenkt sind". Für die Welt ist nur real, was man mit den Sinnen wahrnehmen kann. W i r aber glauben an Dinge, die man *nicht* sieht (2. Kor.4,18; Hebr.11,1; Kol.3,1-4).

Wenn wir schon nicht an die Strenge Gottes mit uns glauben, dann doch wenigstens an Seine Güte. Vielleicht hat Joseph heimlich gedacht, sie werden mich jetzt an meiner Güte erkennen. Was fehlte den Brüdern noch, da sie an der Tafel ihres verherrlichten Bruders saßen. Merkwürdig war für sie, dass sie in der Reihenfolge ihrer Geburt am Tisch Platz nehmen sollen, „der Erstgeborene nach seiner Erstgeburt,und der Jüngste nach seiner Jugend; und die Mäner sahen einander staunend an".

Ganz verwundert waren sie, dass der Mann ihre Sprache spricht. Als sie fragen, woher der Herr ihre Sprache kennt, wird ihnen von dem Diener geantwortet: Mein Herr ist viel in der Welt herumgekommen, er versteht sich auf viele Dinge. Joseph hatte ihretwegen alles aufgeboten, sie sahen seine Herrlichkeit und genossen seine Güter und Gaben, ja, es war sogar dieselbe Speise, die sie zu Hause aßen. Sie konnten nur staunen, „und sie tranken und tranken sich fröhlich mit ihm".

Was liegt zwischen uns und dem HErrn, daß wir es nicht glauben können, daß wir künftig keinen höheren Platz mit Christus in Seinem Reiche einnehmen werden als den, welcher uns an dieser Stelle so anschaulich gezeigt wird und den wir jetzt im Glauben einnehmen können? Die Entrückung könnte uns keine Stufe höher bringen, sie entkleidet uns lediglich der Schwachheit und Sündhaftigkeit des Leibes, die oft den Genuß unserer Vorrechte beeinträchtigt. Das ewige Leben, das wir empfangen haben, und die Stellung, in die wir im Geiste versetzt sind, wird weder durch den Tod unterbrochen noch durch die Entrückung verändert. Wir können uns an dem Wein der Propheten, das ist an all den Herrlichkeiten Christi, wovon sie geredet haben, ergötzen, sie bringen uns die Errettung der Seele (im Gegensatz zur leiblichen Befreiung) in dieser Zeit und das himmlische Erbe. Es gibt keine Verheißungen der Propheten außer Christus und die Gemeinde, alle sind in Ihm erfüllt und können in uns und durch uns ihre Erfüllung finden. „Esset, Freunde! trinket und berauschet euch, Geliebte" (Hohel.5,1). Wenn wir die Verheißungen nur verstehen würden, wenn wir den Geist hätten, um sie geistlich auf das Reich der Himmel, in welches wir Eingang gefunden haben, anzuwenden und zu genießen. Nur einige Kostproben aus Jesajas: Verbinde die Kapitel 2, 11, 35 und 65 mit Apostelgeschichte 13 und Epheser 2, so hast du die großen Heilswahrheiten des Evangeliums. Welche Hoffnung für die Veränderung der menschlichen Natur und die Versöhnung der Welt liegt darin, wie auch Paulus mit vielen anderen Prophetenworten sein Evangelium begründet.

Wenn wir in „das Reich des Sohnes seiner Liebe" versetzt sind (Kol.1,13), auch Joseph war der Sohn der Liebe des Vaters, und die Brüder waren unbewußt in seinem Reich, in seiner Stadt, an seinem Tische, also sind auch wir in die heilige Stadt, das neue Jerusalem, versetzt, wo Jesus thront. Vielleicht ist das für viele zu hoch, aber die goldene Stadt ist uns so nahe und wir ihr, wie nie zuvor, zugleich sind wir auf der Suche nach ihr, um sie in ihrer Länge und Breite und Tiefe und Höhe mit allen Heiligen zu erfassen, „und zu erkennen die die Erkenntnis übersteigende Liebe des Christus, auf daß ihr erfüllt sein möget zu der ganzen Fülle Gottes" (Eph.3,16-21). Eine Erneuerung der Gemeinde ist nur im Lichte des neuen Jerusalem möglich. Anders käme nur wie früher wieder Babylon dabei heraus, Sodom und Ägypten (Offb.11,8).

In unserem Vorbild, das wir im Lichte der Herrlichkeit des Christus betrachten, findet die Stadt Josephs nur kurze Erwähnung, obwohl sich alles in ihr abspielt. Um die Stadt, die Gott uns bereitet hat, näher zu betrachten, müßten wir andere Vorbilder nehmen, um einen Begriff von ihrer Schönheit und Größe zu gewinnen, wie David Zion baute und Salomo in Jerusalem herrschte und es zum Mittelpunkt der Welt wurde, die Salomons Weisheit und Herrlichkeit suchte. Wir müssen zugeben, daß wir noch sehr wenig davon verstehen, weil wir zu sehr mit uns selbst und den Umständen beschäftigt sind, schauen auch zuviel in die Welt statt uns in der Stadt Gottes umzusehen und „anzuschauen die Lieblichkeiten des HErrn und nach ihm zu forschen in seinem Tempel" (Ps.27,4). Leider erscheint vielen das neue Jerusalem noch sehr fern und unwirklich, so eigenartig wie die ganze Offenbarung. Das Verständnis beginnt mit dem Glauben, daß „ihr gekommen seid zu dem Berge Zion und zur Stadt des lebendigen Gottes, dem himmlischen Jerusalem ..." (Hebr.12,22-29). Wir bekennen so viele

Wahrheiten und leugnen sie zugleich in der Offenbarung. Johannes sah die heilige Stadt aus dem Himmel hernieder kommen, sie ist uns ganz nahe, so nahe wie Christus selbst.

Wenn wir dieses Wort glauben können, dann können wir auch glauben, daß das ewige Reich Christi und Gottes, in welchem wir mit dem Christus „tausend Jahre" herrschen sollen (Offb.20,6), mit der Auferstehung und Verherrlichung Jesu begonnen hat und seitdem „Leben und Unverweslichkeit durch das Evangelium ans Licht gebracht worden ist" (2.Tim.1,10). Wir brauchen auf keine andere Zeit, kein anderes Reich zu warten, auch nicht die Welt, in dem Tod, Trauer und Geschrei aufhören werden, in dem alle Dinge neu und verwandelt sind — hier ist es, wie im Vorbilde das Friedensreich unseres Joseph, in welchem Gerechtigkeit wohnt. „Siehe, jetzt ist die wohlangenehme Zeit, siehe, jetzt ist der Tag des Heils" (2.Kor.6,2; Jes. 49,8). Eine bessere Zeit wird nicht kommen, außer durch das Evangelium des Reiches unseres HErrn und Heilandes Jesus Christus (2.Petr.1,11). „Hoffet völlig auf die Gnade, die euch gebracht wird in der Offenbarung Jesu Christi" (1.Petr1, 13).

Das große Mahl Josephs hatte jedoch noch ein ernstes Nachspiel, weil sie ihn noch immer nicht erkannt hatten. Bei der altersgemäßen Sitzordnung, der vertrauten Sprache, der bekannten Speise hätten ihnen unbedingt die Träume Josephs wieder einfallen müssen. Auch Benjamin erkannte ihn nicht, obwohl Josephs Angesicht, seine liebevolle Stimme, sein sanftes Wesen ihm hätten vertraut sein müssen. Wie enttäuscht muß Joseph gewesen sein, daß auch Benjamin, zu dem er einst das innigste Verhältnis hatte und der von derselben geliebten Mutter war wie er, nicht darauf kam, es mit seinem teuren Bruderherzen zu tun zu haben. Zumindest hätte er sagen müssen, geehrter Herr, sie sprechen wie unser Bruder, der nicht mehr ist. Und Benjamin schweigt auch jetzt. Joseph hatte seinetwegen weinen müssen, „denn sein Innerstes wurde über seinen Bruder erregt", haben wir gelesen, denn er liebte ihn.

Benjamin war für ihn die einzige Verbindung zum Vater, die nicht belastet war. Deswegen hatte er Benjamin ein fünfmal größeres Ehrengericht gereicht, was jenen spätestens dann hätte stutzig machen müssen. Doch kein Wort darüber, kein Gedanke daran. Geradeso verhalten wir uns bei der Offenbarung Jesu Christi. Die Männer zogen in dem Glauben ab, dass nun alles mit dem Manne redlich geordnet sei. Der Zweck ihres Kommens war erreicht, es kam ihnen nicht einmal in den Sinn, ihre Säcke nachzuschauen. Diese Verkennung war für Joseph unerträglich, er war jetzt richtig zornig über sie. Sie hätten ihn erkennen müssen, aber weit gefehlt. Deshalb mußte er ihnen etwas mitgeben, das sie zwingen würde, zurückzukehren und sich ihm zu stellen. Ein Schulbewußtsein, das beim ersten Kommen geweckt worden war, reichte wahrlich nicht. Vielmehr erwartete er, dass ein Schuldbekenntnis über ihre Lippen kam, besonders von Juda. Verstehen wir jetzt den Zorn des Lammes? Auch wir werden noch das Fürchten lernen „vor dem, der auf dem Throne sitzt" (Offb.6,16). Odere sitzen wir schon auf Thronen? (Offb.20,4).

Die Sprache

Wir müssen uns nicht wundern, dass auch Jesus wie Joseph die Sprache Kanans spricht, die eigentlich auch wir sprechen, sofern wir die Geschichte Josephs geistlich verstehen. „An jenem Tage werden fünf Städte im Lande Ägypten sein, welche die Sprache Kanaans reden…" (Jes.19,18). Nur so können wir auch Jesus in Seiner Offenbarung verstehen und bedürfen keiner anderen Übersetzung. Wenn wir den Sinn eines Textes nicht verstehen, können wir auch die einzelnen Wörter nicht verstehen, egal welche Bibelübersetzung wir zu Rate ziehen. Bei einer Lesung des Buches „Geheimnis, Babylon" wurde mir entgegengehalten, man dürfe nicht alles „vergeistlichen". Aber doch, denn das war die Sprache Jesu und der Apostel. Natürlich haben sie nicht das ganze Alte Testament zweimal zitiert, einmal geschichtlich und dann geistlich. Dann wäre unsere Bibel dreimal so dick. Geschichtlich kann die Heilige Schrift jeder lesen, der lesen kann. Aber für das geistliche Verständnis muss man den Geist haben. Paulus hat uns reichlich Anleitung gegeben, wie wir Moses und die Propheten neutestamentlich verstehen sollen. Ein Beispiel: Der Fels in der Wüste, aus dem viel Wasser kam, war ein geistlicher Felsen, welcher Christus war, und von der geistlichen Speise, dem Worte, und dem geistlichen Trank, der Geist (1.Kor.10,1-6).

Keine anderen als Benjaminbrüder verstehen die geistliche Sprache besser. Viele Bände und Schriften über das Gesetz und die Geschichtsbücher sind ihr Ruhm. Nur bei den Propheten und der Offenbarung hat sie der Geist verlassen. Da pochen sie auf den Buchstaben und verlieren sich in wilden Deutungen und Spekulationen. Einige wollen beides stehen lassen, die buchstäbliche Deutung und die geistliche, werten aber letztlich die geistliche ab. Die Schrift spricht jedoch nicht zweideutig, sondern eine eindeutige Sprache, die Herz und Gewissen erreicht. Um die Offenbarung zu verstehen, brauchen wir einen Dolmetscher. Die kurzen Stichworte der Siegel, Posaunen, Plagen sind uns unverständlich. Wie viele Ausleger haben sich schon daran versucht. Wir werden sie erst dann verstehen, wenn wir sie jeweils den alttestamentlichen Texten zuordnen können.

Eine notwendige Lektion

„Siehe, ich komme wie ein Dieb" (Offb.16,15)

„Und Joseph gebot dem, der über sein Haus war, und sprach: Fülle die Säcke der Männer mit Speise, so viel sie tragen können, und lege das Geld eines jeden oben in seinen Sack. Und meinen Kelch, den silbernen Kelch, sollst du oben in den Sack des Jüngsten legen mit dem Gelde für sein Getreide. Als der Morgen anbrach, da wurden die Männer entlassen, sie und ihre Esel".

Die vollen Säcke, die sie kaum tragen konnten, das Geld oben in den Säcken, aber auch was sie nicht ahnen konnten, der Kelch Josephs im Sacke Benjamins als Pfand. Alles dieses geschah ebenso nach dem Willen und der Weisheit Gottes, wie auch Jesus mit uns handeln oder handeln lassen wird. Nach allem, was wir vom HErrn empfangen haben, was wir in Seinem Hause und an Seinem Tische genossen haben, indem wir in Ihm in allem reich gemacht worden sind, wie wir bekennen, so sollte Er auch von uns erwarten können, daß wir Ihn in dem Charakter der Offenbarung erkennen. Unsererseits war kein Gedanke daran, es hier mit demselben Jesus zu tun zu haben, wie wir Ihn, der voller Gnade und Wahrheit ist, und Seine Herrlichkeit in dem Evangelium nach Johannes anschauen (Joh.1,14; 1.Joh.1,1-4). Es ist unbegreiflich, daß wir uns und unsere Väter von dieser prachtvollen Herrlichkeit des Eingeborenen vom Vater wieder umgewandt haben. Die Segnungen Seines Reiches, welche die Propheten verheißen haben, haben wir auf die Zukunft Israels fleischlich gedeutet und uns seelisch daran berauscht. Es wird für alle Brüder eine Ernüchterung und Überführung durch den Geist notwendig sein, besonders für Benjamin.

Denn Benjaminiter sind so arglos; als Schoßkind beim Vater hat er sich nie mit der Realität des Lebens auseinander setzen müssen, auch nicht setzen wollen. Was ihm bei allen Vorzügen fehlt, und das ist das Entscheidende: die Gottesfurcht. Er ruht so völlig in der Liebe des Vaters, dass ihn nichts beunruhigen kann, niemand vermag ihn „aus der Hand des Vaters zu rauben" (Joh.10,28-30).

„Da sprach Joseph zu dem, der über sein Haus war: Mache dich auf und jage den Männern nach, und hast du sie erreicht, so sprich zu ihnen: Warum habt ihr Böses für Gutes vergolten? Ist es nicht der, aus welchem mein Herr trinkt und aus dem er zu wahrsagen pflegt? Ihr habt übel getan, was ihr getan habt!"

Der treue Geist des Hauses Josephs ist der Geist der Weissagung, der „silberne Kelch" ist das prophetische Wort, „aus dem mein Herr zu wahrsagen (oder weissagen) pflegt". Wahrsagen heißt sagen was wahr ist. Ein Christ soll allerdings nicht zu Wahrsagern gehen, das ist okkult. Die Propheten sagen die Wahrheit, durch die Offenbarung sagt der Geist uns die Wahrheit, die wir nicht gerne hören aber frei macht. Dabei haben wir unsere „Säcke" bis obenan gefüllt mit guter Erkenntnis, so dass wir unterscheiden können, was die biblischen Wahrheiten sind und was fremde Lehre ist. Wenn auch vieles von anderen abgeschrieben wurde, so ist das doch nicht gestohlen, kein Plagiat wie bei wissenschaftlichen Arbeiten, wenn die Quelle nicht angegeben wurde. Aber man kann eben auch unbewusst Falsches übernehmen, wie das bei den zahlreichen Auslegungen der Offenbarung der Fall ist. Wer prüft da schon nach? Ich bin froh, dass ich nur e i n e Auslegung kannte, und die befriedigte mich nicht, weshalb ich ganz von vorne anfing. Ich sagte mir, ich habe noch die Schrift, auch der Geist, der in alle Wahrheit leitet, ist noch da, und der HErr lebt noch, Der mir Seine

Gedanken zeigen kann. Um sicher zu gehen, ließ ich meine Schriften immer wieder prüfen, aber niemand widerlegte sie. Im Gegenteil, „nicht bestellt und trotzdem mit Interesse gelesen: Ihr Siegener Gemeindebrief 8/97 'wer ist der Antichrist?' Ich stimme Ihnen zu, der Antichrist ist da und in vielfältiger Form am Werk...". Das schreibt ein Katholik.

„Warum redet mein Herr solche Worte? Fern sei es von deinen Knechten, eine solche Sache zu tun... wie sollten wir aus dem Hause deines Herrn Silber oder Gold stehlen? Bei welchem von deinen Knechten der Kelch gefunden wird, der sterbe; und dazu wollen wir meines Herrn Knechte sein". Ein hartes Urteil über sich selbst und den mutmaßlichen Täter. Diebe waren sie wahrhaftig nicht. Soviel Erziehung hatten sie genossen, dass man sich nicht an fremdem Eigentum vergreift. Dass man etwas unbewusst mitgehen lässt, ist auch nicht möglich. Und doch ist bei einem der Brüder Diebesgut im Sack, und das ist nicht nur ein Irrtum, sondern bewusst kirchenfremdes Lehrgut. Auf die falsche Prophetie sind fast alle Evangelikalen seit der Staatsgründung Israels hereingefallen und damit auf den imaginären Antichrist, der sich in den noch zu erbauenden Tempel setzen soll. Den Vorwurf der Unredlichkeit müssen die Brüder sich vom HErrn gefallen lassen. Auch ihre Deutungen im Buche Daniel sind unredlich. Man will die Glaubwürdigkeit der Bibel mit den vier Weltreichen der Antike beweisen, und das kann man auch. Aus den Geschichtsbüchern weiß man, von wann bis wann sie bestanden haben. Aber der Stein vom Berge Gottes, der das Bild und alle Werte und Unwerte zerstören soll, kommt scheinbar erst im „tausendjährigen Reich", also mehr als 2000 Jahre später. Diese Luftsprünge taugen nicht, um die Welt zu überzeugen. Er ist doch mit dem Kreuz und der Auferstehung längst gekommen und füllte mit dem Ende des römischen Reiches die ganze damalige Erde und auch das christliche Abendland.

Es soll nun nachgeforscht werden, wer der Urheber der falschen Israelprophetie ist, wer das Silber und Gold der Verheißungen in den Propheten zweckentfremdet hat. Das Öffnen der Säcke ist die Bereitschaft, die eigene oder übernommene prophetische Sicht prüfen zu lassen. Der HErr sieht in Seiner Offenbarung von einer moralischen Prüfung ab, denn in Seinem Lichte ist keiner von uns würdig. Wir sollen nur einmal durch den Geist eine Untersuchung zulassen, wer hier prophetisch irrt und worin der Irrtum besteht. Am besten ist die Selbstprüfung, „prüfet euch selbst, ob ihr im Glauben seid; untersuchet euch selbst" (2.Kor.13,5). Bisher war ein Gespräch über endzeitliche Dinge meist in Streit und Polemik ausgeartet und dringende Fragen blieben einfach ungeklärt, klaren Deutungen dieser oder jener Schriftstelle wurde einfach ausgewichen. Diese Art, mit den heiligen Schriften der Propheten umzugehen, können wir uns heute nicht mehr erlauben. Die Zeit ist zu ernst, um in Ungewißheit über die Zukunft Jesu zu sein, andererseits drängt der HErr auf eine Aufklärung. Als ersten Tatbestand und fundamentalen Irrtum kann man die Vorstellung von einem tausendjährigen Reich bezeichnen, in dem Christus regieren soll und wir mit Ihm herrschen würden.

Von allen Seiten werden Stimmen laut, und ganz unabhängig voneinander werden Untersuchungen angestellt, die die herrschende chiliastische Prophetie in Frage stellen. Eine kirchengeschichtliche Analyse weist mit wissenschaftlicher Genauigkeit nach, daß die Idee von einem Millenium jüdischen Ursprungs ist, also dem Talmud entstammt und nicht der Lehre der Apostel. Der Chiliasmus (der Glaube an ein kommendes irdisches Reich) ist schon in frühchristlicher Zeit von Männern des Geistes als spätjüdisches Element bekämpft worden. Als Urheber des Chiliasmus wird Cerinth betrachtet, den noch der greise Apostel Johannes als Feind der Wahrheit bezeichnet haben soll.

Mit dem Kirchenvater Origenes (3.Jahrh.) setzte in der Kirche ein Kampf gegen den Chiliasmus ein. Augustinus, das große evangelische Licht des Westens, lehnte die Idee von einem irdischen tausendjährigen Reich in der Zukunft ab, weil sie nicht dem Sinn der Offenbarung Johannes entspreche. Das tausendjährige Reich habe vielmehr schon längst begonnen! Die „Kirche sei das Reich Christi" behauptete er und versetzte damit dem Chiliasmus einen fast tödlichen Schlag.

Kirche und Reich sind zwar verschiedene Begriffe, ebenso wie *Leib* und *Weib* Christi im Epheserbrief, deckten sich aber personal in den ersten Tagen des Christentums, was heute nicht mehr sichtbar ist. Kirche und Kirche sind nach unserem Verständnis nicht einmal mehr dasselbe, wobei der abtrünnige Teil Babylon zugeordnet wird. Die Offenbarung klärt den Reichsbegriff neu, und nicht nur, was das Reich Christi ist, sondern auch das Volk Gottes, Israel, die Stadt Gottes, Jerusalem, und den Tempel, Christus, das Lamm und alle geistlichen Dinge. Obwohl Luther nichts mit dem Buche der Offenbarung anzufangen wußte, hat er allein vom Evangelium her Klarheit darüber gehabt, dass das Reich Gottes kein Reich von dieser Welt ist und sein wird.

Erst mit der Aufklärungsphilosophie des 18. Jahrhunderts lebte der Gedanke an ein tausendjähriges Friedensreich wieder auf, wenn auch nicht in der sinnlichen Auffassung Cerinths, aber immer noch allein für die Christen. Im Rausch des Rationalismus, vor allem des aufstrebenden Zionismus im 19. Jahrhundert glaubte man, Gott würde mit Israel wieder anknüpfen. Daraus entstand eine Gemeindebewegung in England, die auch in Deutschland und der Schweiz Fuß fasste, die das Reich nicht in der Gemeinde unterbringen konnte und ordnete es den Juden zu. Diese Reichssicht hat sich in allen Brüder- und Gemeinschaftskreisen verbreitet, sie gehört mittlerweile weltweit zur Rechtgläubigkeit, obwohl sie einer alt-bündischen Denkweise entstammt.

„Endzeitler deuten das Alte Testament und das Neue Testament von antichristlichen Vorgaben her", sagt Kurt Klumbis. Er analysiert die herrschende Endzeitprophetie im Lichte des Kreuzes: „Die unsere Weltzeit betreffende unbiblisch überladene Apokalyptik ist jüdisch — im Unglauben gegen Jesus. Während die alte jüdische Apokalyptik bis heute rein jüdisch geblieben ist, ging christlicherseits der evangelikale Teil eine Fusion mit talmudischen Gedanken ein und ergibt jetzt einen Mischmasch, wie es einen solchen in 1800 Jahren Kirchengeschichte vorher nie gegeben hatte. Der Grund: Man begnügte sich nicht mehr mit dem Evangelium vom Gekreuzigten." (Geisteskampf um Israel, S.67). Der Judaismus war stets eine Gefahr für das Christentum, sowohl bezüglich der Wiedereinführung des Gesetzes als auch der fleischlichen Deutung der Propheten auf die Zukunft Israels, die keine Deutung ist, sondern Buchstabenglaube. „Aber wenn auch wir oder ein Engel aus dem Himmel euch etwas als Evangelium verkündigte außer dem, was wir euch als Evangelium verkündigt haben: er sei verflucht!" (Gal.1,8).

Die verschiedenen Endzeitsysteme, die heute kursieren und von denen es mehr als ein paar Dutzend gibt, wollen den alten Bund modifizieren. Es ist sinnlos, sie alle zu prüfen, da sie von vornherein dem Neuen Bunde widersprechen und auch einander widersprechen. Es ist besser, die utopisch-spekulativen Endzeitbücher wegzuwerfen und den Herrn, den Geist, ganz neu um Klarheit zu bitten. Wir müssen uns auch ernstlich fragen, welchen Geist wir empfangen haben. Denn die altbündisch-jüdische Prophetie entspringt dem Geist der Welt. Mit der Politik kann man die biblische Prophetie nicht deuten. Denn die Menschen, die das betreffen soll, sind gestorben oder noch nicht geboren. Wem soll die Brüder-Prophetie denn nützen, sie verhindert sogar jeglichen Bezug zu den Lebenden. Dahinter steckt ein Rachegeist, ein weltliches Macht- und Herrschgelüst, das die Feinde des Christentums mit Gewalt niederwerfen will, und dafür soll Christus dienen, der lieber für Seine Feinde starb und dadurch sie überwand. Noch immer ist Er das Lamm, und in dieser Natur überwindet Er und wir mit Ihm die ganze Macht und Gewalt des Tieres und seiner Vasallen (Offb.17,14).

Der Geist des alten Bundes ist im Neuen Bunde gefährlich, weil er hier gegen die Heiligen ist. Der Kampf im Alten Testament war gegen die Feinde Gottes und Seines Volkes nach dem Fleische, weshalb die Juden glaubten, in demselben Geiste Paulus verfolgen zu können. Dieser Geist, der auch die Endzeitpropheten bewußt oder unbewußt beseelt, ist gewalttätig und freut sich über Erfolge, die mit Gewalt ausgetragen werden. Die falsche Prophetie ist eher Nahrung für einen gereizten Geist, als dass sie die Lammesnatur hervorbringen könnte. Das was in gewissen Gemeinden in den letzten Jahrzehnten geschehen ist, die inneren Kriege und Streitigkeiten und die ungerechte und gewalttätige Behandlung von Brüdern, wäre nicht geschehen, wenn es diese, dem Geiste des Evangeliums widersprechende Prophetie, nicht gäbe. Es ist das Schlimmste von seiten derer zu befürchten, die sich nicht von besseren Dingen überzeugen lassen. Ich beschwöre die Brüder, der fleischlichen Prophetie nicht länger zu huldigen, sondern sie ans Kreuz zu heften, wohin sie gehört, denn wir schlagen uns mit ihr nur selbst ins Gesicht und werden bei der Welt immer unglaubwürdiger.

Das Zeugnis Gottes ist größer als das Zeugnis der Menschen. „Und dies ist das Zeugnis: daß Gott uns ewiges Leben gegeben hat, und dieses Leben ist in seinem Sohne" (1.Joh.5,11). Darin liegt der Sieg und die Zukunft für uns und die ganze Welt. Die Zeugnisse der Schrift über das Reich Christi und Gottes sind klar und eindeutig: „Das Reich Gottes kommt nicht so, daß man es beobachten könnte; noch wird man sagen: Siehe hier! oder: siehe dort! denn siehe, das Reich Gottes ist mitten unter euch" (Luk.17,20-

21). „Es sei denn daß jemand von neuem (von oben her) geboren werde, so kann er das Reich Gottes nicht sehen ... noch darin eingehen" (Joh.3,3-8); denn „Fleisch und Blut können das Reich Gottes nicht ererben" (1 Kor.15,30); „denn das Reich Gottes ist nicht Essen und Trinken, sondern Gerechtigkeit und Friede und Freude im Heiligen Geiste" (Röm.14,17). „Mein Reich ist nicht von dieser Welt. Wenn mein Reich von dieser Welt wäre, so hätten meine Diener gekämpft" (Joh. 18, 36). Wann kommt nun das Reich Gottes? „Das Reich der Welt unseres HErrn und seines Christus ist gekommen, und er wird herrschen von Ewigkeit zu Ewigkeit" (Offb.11,15). Und „kein Hurer oder Unreiner oder Habsüchtiger hat ein Erbteil in dem Reiche Christi und Gottes" (Eph.5,5).

Die Welt und alle Gesetzlosen sind also von diesem Reich gänzlich ausgeschlossen bzw. werden in der Vollendung des Zeitalters wie das Unkraut in den Feuerofen geworden (Matth.13,36-43). Das Reich ist ausschließlich für die Wiedergeborenen bestimmt und zugänglich, der natürliche Mensch hat dort keinen Platz, er kann es nicht einmal erkennen. In diesem Reich herrscht Christus als König, wie Joseph in Ägypten und Salomon in Jerusalem, wovon alle Propheten, „von Samuel an und der Reihe nach, so viele ihrer geredet haben", zeugen (Apg.3,24; 15,16-18). Worauf wir warten ist, dass dieses Reich wieder geoffenbart und verkündigt werde und die Menschen ergreife, vor allem aber, dass wir selbst von ihm ergriffen sind. Wir sind bereits in diesem Reich, ja wie die Brüder Josephs ihm ganz nahe gekommen sind, aber ihn nicht erkennen. Da muss noch etwas passieren, ehe Er sich uns offenbaren kann.

WAS HABT IHR DA GETAN?

Wir kommen nicht umhin, uns einer Überführung zu stellen, wenn wir uns nicht dem Verdacht der Unaufrichtigkeit und Oberflächlichkeit aussetzen wollen. Für die Jüngeren dürfte eine Selbstkorrektur noch leichter sein, aber die Älteren, die in der Endzeitprophetie so eingefahren und festgefahren sind, werden sich nur gezwungenermaßen einer Hinterfragung stellen. Dafür ist der Schreiber selbst ein Beispiel. Nur durch eine gründliche Ernüchterung vom HErrn war er bereit, den Geist der Wahrheit einmal bei der von ihm im blinden Eifer vertretenen von den Vätern überlieferten eitlen Israelprophetie leuchten zu lassen. Ich kann jedem Bruder nur raten, es ebenso wie die Brüder Josephs zu tun und sich einmal bereitwillig in der Furcht vor dem Wort Gottes die Wahrheit anzuhören. „Auf diesen will ich blicken: auf den Elenden und den, der zerschlagenen Geistes ist, und der da zittert vor meinem Worte" (Jes.66,2). Joseph hält Benjamin zugute, dass er nicht bewusst der Dieb war, sondern ein Träumer. Der Verdächtigte spricht kein Wort in der ganzen Szene.

Nicht alle Brüder glauben sämtliche existierenden falschen Anschauungen, weil sie vernünftige Gründe dagegen erkannt haben. Manche sind inzwischen auch wieder von dem „irdischen Israel" abgerückt, und etlichen ist auch klar geworden, daß die Computerdeutung der Zahl des Tieres bloß Panikmache ist. Wieder andere sind durch traurige Erfahrungen überzeugt worden, daß der Antichrist in dem Tempel der Gemeinde sitzt, womit sie ganz richtig liegen. Der irregeleiteten Masse aber bangt vor dem kommenden Weltherrscher, und einige wollen ihn schon in diesem oder jenem Wunderknaben erkannt haben, letztlich muß immer der Papst dafür herhalten. Die meisten Brüder haben infolge der verwirrenden vielen Auslegungen der Offenbarung keine feste

116

Überzeugung über die endzeitlichen Dinge, was jetzt ihr Vorteil ist. Es kann sich glücklich schätzen, wer von der ganzen falschen Prophetie unberührt geblieben ist.

„Und der Kelch fand sich im Sacke Benjamins". Benjamin ist erschüttert, wer sollte das getan haben? Vielleicht Dan? Jakob sagt von ihm, „er wird eine Schlange am Wege sein, sie beißt in die Versen des Rosses, und rücklings fällt sein Reiter" (1.Mo.49,17). Den kleinen Benjamin mal so richtig reinzulegen, wäre ihm zuzutrauen. Nur, dass es so ernst ausging, hat er keinesfalls gewollt. Welche Blamage vor den Brüdern. Das hätten sie von Benjamin nicht gedacht, er, der immer so korrekt war und fromm tat, als sei er der Liebling des Vater, ist entlarvt. Der Heuchler. Vielleicht hat er gestern abend im Rausch den Becher verschwinden lassen und dann heimlich in seinen Sack gesteckt. Es fällt auf, dass er sich nicht rechtfertigt, er hätte doch beteuern können, ich war es nicht, ich bin unschuldig, hier muss mir einer einen Streich gespielt haben.

Armer Benjamin, Sohn Israels von Philadelphia, was ist dir gestohlen worden oder was hast du gestohlen. Was hat deinen Blick getrübt, die Hoffnung der Herrlichkeit, das ist: *Christus in euch* (Kol.1,27), *nicht* in den Propheten und der Offenbarung zu sehen? Benjamin, der Sack deiner großen Erkenntnis enthält einen verhängnisvollen Irrtum, und du ahnst es nicht einmal? „Du weißt nicht, daß *du* der Elende und Jämmerliche und arm und blind und bloß bist" (Offb.3,17).

Der Kelch gehörte nicht in den Sack Judas, der sich nie mit dem prophetischen Wort befasst hat; er gehörte auch nicht in den Sack Rubens, der zugibt, dass er vieles in der Offenbarung nicht versteht. Joseph hat schon den richtigen Stamm gewählt, denn Benjamin meint, die ganze Schrift auslegen zu könnten, explizit Daniel und die Offenbarung bis auf die letzte Posaune und das Ende, nichts ist ihm verborgen, nichts dunkel für ihn.

Was der HErr den Brüdern aus Benjamin zur Last legt, ist wirklich Diebstahl, Diebstahl am Worte Gottes. Denn nichts anderes ist die völlige Entfremdung der prophetischen Schriften, die eigentlich der Gemeinde gehören. Gerade die Benjaminbrüder leugnen absolut, dass in den Propheten die Gemeinde zu finden sei. Doch in keinem Teil der Schrift ist in solcher Fülle und Klarheit von der Gemeinde die Rede als in den großen und kleinen Propheten, und zwar als das Jerusalem droben.

Niemand hat daran gedacht, daß der HErr aus dem Kelch der Propheten zu „wahrsagen" pflegte, und die Apostel und die ersen Christen haben reichlich daraus getrunken. Gott hat stets durch Seine Propheten Seinem Volke die Wahrheit gesagt, zuletzt durch den Sohn, Der Sich ausdrücklich zur Erfüllung derselben bekannt hat. Er war gekommen, um alles zu erfüllen (Matth.5,17), sowohl das Gesetz als auch die Verheißungen der Propheten, die denen gegeben sind, welche glauben (Gal.3,22). Wir bedürfen wohl letztlich alle der Gnade und Barmherzigkeit des HErrn, aber Benjamin hat doppelte Gnade nötig. Er muß überführt werden, wie sehr er mit seinem ausgeklügelten, für den Laien kaum verständlichen geheimen Lehrsystem, der Offenbarung Jesu und somit der Offenbarung der Söhne Gottes im Wege steht bzw. gestanden hat. Aus den prophetischen Fehldeutungen sind noch weitere gravierende Irrtümer entstanden und werden von ihm vehement verteidigt und immer noch verbreitet, z.B. die Vorausentrückung vor dem Tag des HErrn.

Wer sich so festgelegt und eingemauert hat wie die Benjaminbrüder, kommt in eine peinliche Lage, denn „der Kelch fand sich im Sacke Benjamins". Er hätte mal vorher in seinen Sack überprüfen sollen, denn dann wäre ihm erspart geblieben, jetzt für einen Dieb gehalten zu werden.

Wer sind die Benjaminbrüder?

Einerseits schätzt der HErr diese Brüder wegen ihres verhältnismäßig guten Bildes, das sie noch vor der Welt und auch gegenüber vielen verweltlichten Christen und Gemeinden abgeben, auf ordentliche Kleidung und biblische Haartracht achten, kein Fernsehen haben, nicht wählen, weltliche Veranstaltungen meiden usw. Andererseits weiß der HErr aber auch um die Benjaminart, dass sie ziemlich eingebildet, stolz, selbstgerecht und unbelehrbar ist. Keiner im ganzen Brüderkreise hat ein so hohes Bekenntnis, keiner kann so gesalbt von der Gnade und Liebe Gottes reden, aber er selbst kann die Gnade nicht weitergeben, weil ihm durch die vermeintliche Sonderstellung selbst das Bedürfnis danach fehlt. Er hat sich in einen Philadelphia-Standpunkt eingekapselt, indem er meint zu den Letzten vor der Entrückung zu gehören. Daher glaubt er auch nicht an eine Versöhnung der Brüder oder an eine Wiederherstellung der Einheit des Leibes vor der Entrückung, ganz und gar nicht an eine große Erweckung, die doch gerade seinetwegen kommen soll (2.Petr.3,9).

Eine Erweckung fing stets beim Überrest an, und nur durch ihn kann sie sich weiter fortpflanzen. Das beweist die biblische Geschichte und auch die Kirchengeschichte. Der HErr hat aus der abgefallenen Masse, die der Verführung erlag, etliche übriggelassen, um mit ihnen ein neues Zeugnis zur Errettung des ganzen Volkes und zum Heil der Welt zu begründen. Sie sollten nicht nur treu sein, worauf sich manche etwas zugute halten, sondern als Zeichen ihrer Treue, ihres Ausharrens und Mitleidens die Versiegelung als Sein Israel annehmen, um als Knechte Gottes bestätigt und ausgesandt zu werden (Offb.6). Das eigentliche Hindernis für die ersehnte Erweckung liegt bei dieser Versiegelung, die fälschlicherweise einem irdischen Überrest

Israels gelten soll, der weder treu noch gläubig ist, der nicht einmal existiert.

Wenn wir wie Elia denken: Ich allein bin übriggeblieben«, so sagt uns die göttliche Antwort: »Ich habe mir übriggelassen siebentausend Mann, welche dem Baal das Knie nicht gebeugt haben« (Röm.11,3). *Übriggeblieben* und *übrig-gelassen* ist nicht dasselbe. Letzteres sind wir allein auf Grund der Treue des HErrn, „daß ich nicht das Ganze verderbe" (Jes.65,8). Also ist auch in der jetzigen Zeit „ein Überrest nach Wahl der Gnade". Wir sollen als „Söhne Israels" Seine Zeugen an die ganze Christenheit sein (Jes.43,12), um das Evangelium vom Reiche Gottes und dem neuen Jerusalem zu predigen und viele zum HErrn zurückzubringen (Jes.44,1-5; Matth.24,14). Die letzten Treuen waren in den Wegen Gottes mit Seinem Volke stets die Ersten, wenn Gott etwas Neues machte. Manchmal waren es nur zwei oder drei, wie Josua und Kaleb. Es muß auch jetzt so geschehen, daß alle die Gläubigen, die das Tier nicht angebetet und sein Malzeichen verweigert haben, „Erstlinge Gott und dem Lamme sind" (Offb.14,1-5). Sie haben den Auftrag vom HErrn, der großen Volksmenge, die ihnen nach Offenbarung 7,9 ff. folgen soll, den Sieg Christi über das Tier und den falschen Propheten, Befreiung aus der Drangsal und Frieden und ewiges Leben zu verkündigen. Dabei soll und darf „Benjamin" nicht fehlen. Der HErr braucht sie, wenigstens zuerst einige aus ihnen, weil sie wie niemand anders vom HErrn für das Werk des Dienstes begabt sind, aber leider zur Zeit noch gebunden sind (Eph.4,7-16). Denn darauf läuft die Geschichte jetzt hinaus.

Ich möchte die Benjaminbrüder nicht anklagen oder verklagen, da ich und meine hochverehrten Väter aus ihnen sind. Es war nicht Benjamin, auch nicht Dan, es war der Geist jener Zeit, der den Benjaminitern den Kelch in den Sack gespielt hat, aber es ist jetzt das beste Mittel, ihn zu ernüchtern. Es ist ein Radikalmittel für die Benjaminart, weil solche so wirklichkeitsfremd leben, ziemlich verträumt und naiv sind, völlig unbesorgt bezüglich ihrer eigenen Errettung, teilweise so gutgläubig, daß sie nicht einmal um ihre Schulkinder bangen. Deshalb werden sie erschüttert werden müssen, „wie ein Feigenbaum, der geschüttelt von einem starken Winde, seine unreifen Feigen abwirft". Er muss nämlich das Zittern lernen „vor dem Angesicht dessen, der auf dem Throne sitzt, und vor dem Zorn des Lammes" (Offb.6,12-17). Diese Stelle wird sie treffen, wenn es uns nicht gelingt, sie freizubekommen.

Wir müssen uns auf jeden Fall auf eine schwere Auseinandersetzung mit ihm gefasst machen (Kol.2,1), denn Bejamin ist nicht so ein Schäfchen, wie er in unserer Geschichte erscheint. Jakob kannte seine Söhne, und er wußte besser als Benjamin selbst, was in seiner Natur schlummerte, nämlich ein „Wolf, der zerreißt" (1.Mo.49,27). Auch können Benjaminiter so verstockt sein, daß sie lieber das Böse in ihrer Mitte dulden und mit Brüdern Krieg führen, als zuzugeben, daß sie im Unrecht sind (Richt.20). Auch Saul, der Sohn Kis, war ein Benjaminiter, er verfolgte David aus Eifersucht (1.Sam.18). Und Kusch, der Benjaminiter, offenbarte sich als ein böser Mensch, der David sehr zusetzte (Ps.7). Zuletzt erinnert uns Saulus, der aus dem Stamme Benjamin war, an einen gnadenlosen religiösen Eiferer. Die Benjaminart ist nicht so friedlich wie sie sich gibt.

Zu Benjamin müssen wir auch alle jene rechnen, die infolge ihrer Abseitsstellung vergrämt und bitter geworden sind, vornehmlich Einzelkämpfer und Einzelgänger, die keine biblische Gemeinde und Gemeinschaft finden konnten und dadurch Gefangene ihrer eigenen Frömmigkeit wurden, oft auch in eigenartigen Anschauungen gefangen sind. Auch um sie muß gerungen werden wie Juda um Benjamin, an dem sich nun die Herzen der Brüder entzündeten.

Die Männer stehen nun wieder vor Joseph. Mit zerrissenen Kleidern als Ausdruck ihrer Empörung über Benjamin fallen sie vor dem Herrscher nieder. Der aber geht sie heftig an: „Was ist das für eine Tat, die ihr getan habt! Wußtet ihr nicht, daß solch ein Mann, wie ich, wahrsagen kann?" Die Beschuldigung gilt allen Brüdern, damals wie heute. Auch kein Bibellehrer kann sich von dem Mißbrauch der Offenbarung freisprechen. Was sie getrieben haben ist reine Wahrsagerei. Nicht eines davon ist eingetroffen und kann eintreffen. Wenn wir bedenken, dass man sich mit der Prophetie, die im Evangelium erfüllt ist, über das Evangelium völlig hinweggesetzt hat, so kann der HErr die fleischliche Auslegung der Propheten nur als Diebstahl, als Verrat am Evangelium bezeichnen, womit Ungläubige im Unglauben bestärkt und Gläubige im Glaubensleben behindert wurden. Dafür gibt es keine Entschuldigung, auch nicht mit Römer 11, wo es um dasselbe geistliche Israel geht, dessen Wurzel Christus ist, wie heute. Über die Errettung hinaus, wie sie im Römerbrief gelehrt wird, oder daneben, gibt es keine Errettung, kein Heil, keine Segnung, schon gar nicht national, wie auch die Bezeichnung „Nationen" keine bestimmte Nation oder Volksgruppe meint. Um es noch einmal klar zu sagen: Das Evangelium gründet sich auf die prophetischen Schriften und ist deren Erfüllung mit allen ihren Verheißungen (Röm.1,2; 16,26; Apg.3,21). Eine Prophetie, die das Wort vom Kreuz: „Es ist vollbracht!" unterschlägt, ist Wahrsagerei.

So bleibt für uns nur die eine Erkenntnis, daß die falsche prophetische Auslegung uns alle in eine ausweglose Lage gebracht hat und mit uns alle Gemeinden. Ausweglos insofern, als wir weiter so dahinvegetieren werden und allmählich zugrunde gehen. Da bricht es aus Juda heraus: „Gott hat die Missetat deiner Knechte gefunden!" Die Tat an Joseph steht allen nun deutlich vor Augen, auch alle sonstigen Missetaten an dem Vater und anderen Mitbrüdern. Sie können jetzt nur noch Gottes Strafe und Züchtigung erwarten. Darauf läuft auch das Urteil des HErrn in den Sendschreiben hinaus.

Diejenigen, die sich bisher so frei und sicher glaubten, müssen jetzt um ihre Freiheit bangen, während andere, die vorher in Ungewißheit waren über ihr Seelenheil und denen man sagte, sie würden verloren gehen, wenn sie keine Heilsgewißheit hätten (aber Gottesfurcht hatten sie), vom HErrn Frieden zugesprochen wird. So bleibt zuletzt die Beschuldigung allein auf den Benjaminbrüdern hängen mit allen Konsequenzen. „Was ist das für eine Tat, die ihr getan habt!" Da ist nicht nur das falsche Verständnis der Propheten, sondern viel Schlimmeres haben sie getan mit dem Worte Gottes: Sie sind nicht in der „Lehre des Christus" geblieben, sie sind weitergegangen und haben selbst die Worte Jesu für sich ungültig gemacht. „Wer in der Lehre bleibt, dieser hat sowohl den Vater als auch den Sohn" (2.Joh.9). Beide fehlen ihnen jetzt, so dass sie keinen Zugang haben zu der Schar auf dem Berge Zion, die den Namen des Lammes und seines Vaters an ihren Stirnen geschrieben trugen (Offb.14,1).

Die „Lehre des Christus" ist bei Johannes in erster Linie das, was Jesus Selbst gelehrt hat, also in den Evangelien. Er hat gesagt, daß man einem Mitknecht immer vergeben und ihn nie in die Kniee zwingen soll, andernfalls komme man selbst ins Gefängnis (Mattb.18,21-35). Jesus hat auch gesagt, dass man über sich selbst wachen soll und niemand Unrecht tun darf, dass man klug sein soll und nicht untätig sein darf, in dem, was Er uns anvertraut hat, dazu den HErrn in dem leidenden geringsten Bruder suchen und besuchen muß. Wer aber nicht darauf achte, würde sein Heil verlieren, einmal vor verschlossene Türen kommen, in die Finsternis geworfen werden, ja in die ewige Pein gehen.

Sollten wir sagen, Jesus habe es mit den Vergleichen in Matth.25 übertrieben oder überspitzt gesagt? Die Brüder haben das Problem anders gelöst, um nicht davon getroffen zu werden: Es gelte den Juden, wenn ihnen nach uns das Evangelium des Reiches verkündigt werde. Und gerade dieses Reichsvangelium ist von den Aposteln und Evangelisten in der ganzen Welt verkündigt und geglaubt worden.

Wer die Lehre Christi nicht ernst nimmt, ist ein böser Knecht oder eine törichte Jungfrau. „Nicht jeder, der zu mir sagt: Herr, Herr! wird in das Reich der Himmel eingehen, sondern wer den Willen meines Vaters tut, der in den Himmeln ist" (Matth.7,21-23). Für Benjaminiter scheinen alle diese ernsten Worte Jesu nicht zu gelten, da sie sich von vorneherein für die treuen Knechte und klugen Jungfrauen halten und bis ans Ende meinen zu bleiben. Der „untreue Knecht" sei das kirchliche System, lehren etliche; mit solchen Deutungen kann man sich der Verantwortung wunderbar entziehen. Wie töricht! „Was ist das für eine Tat, die ihr getan habt!" Wenn diese Art Schriftdeutung auch die Frucht ihrer falschen Prophetie ist, so trägt doch jeder persönlich die volle Verantwortung, ob er die Worte Jesu auf sich selbst anwendet oder abwälzt und weitergeht, indem er sich auf die Gnade beruft. Das, was sie den Sektierern vorwerfen, trifft sie selbst. Das „vollbrachte Werk des Herrn" soll ihre Torheit und Übeltat rechtfertigen? Hebt denn die Lehre der Apostel die Lehre Jesu auf? Niemals. Haben doch die Apostel die Worte und Taten Jesu verkündigt und niedergeschrieben. Ebenso kann das Evangelium Pauli von der Gnade und Rechtfertigung und Berufung keinen Gegensatz bilden zur Verkündigung des HErrn; es hat vielmehr dort seinen Anfang genommen (Hebr.2,1-4).

Wirklich, ein dreister Dieb, Jesu eigene Worte des Kelches, das heißt die Form, durch die er die Wahrheit sagte, von den Gewissen der Gläubigen wegzunehmen. Das haben andere nicht gewagt. Ich kenne keinen im ganzen Kirchenkreis, der Worte in den Evangelien beispielsweise gegen die Rechtfertigungslehre im Römerbrief oder gegen die eigenen Worte Jesu in Johannes 10 (V.28) ausspielte und sie so ihrer Kraft und Wahrheit berauben würde. Das ist allein die Tat der Benjaminbrüder, und darauf steht das Gefängnis: „da wird sein das Weinen und das Zähneknirschen".

Hätte man sich ein bisschen mehr in die Begegnung Jesu mit dem Weib am Jakobsbrunnen (Joh.4) vertieft, so wäre ihnen die unbrüderliche jüdische Abtrennung der Samariter von Israel aufgefallen. „Denn die Juden verkehren nicht mit den Samaritern", sie betrachteten sie als nicht zu Israel gehörig, ein Mischwolk aus Heiden und Ephraim, aber sie fürchten Gott. (2.Kön.17). Beide, Juden und Samariter, waren aus derselben Quelle Jakobs, der Quelle Israels. Daraus schöpfte auch dieses Weib, jedoch in natürlicher Weise für ihren Lebensdurst. Hören wir, was sie bekennt: „Du bist doch nicht größer als unser Vater Jakob, der uns den Brunnen gab, und er selbst trank aus demselben und seine Söhne und sein Vieh?" Ein Pharisäer oder Schriftgelehrter in Jerusalem hätte es nicht anders sagen können: Unser Vater Jakob. Moralisch waren sie beide verwerflich, die Frau mit ihren fünf Männern und die Pharisäer in ihrer Selbstgerechtigkeit. Für beide wird deshalb Jerusalem als Anbetungsstätte gegenstandslos, Jesus hebt sie auf, es komme nicht mehr auf den Ort an, sondern allein auf die rechte Art der Anbetung des Vaters, nämlich in Geist und Wahrheit. Da fahren Christen zu Anbetungswochen nach Israels, als ob sie dort Gott näher wären. Wie töricht. Anbeten kann man auch im Gefängnis, dort ist man Gott am nächsten, schreibt Richard Wurmbrand. Es wird kein Tempel mehr in Jerusalem gebaut werden, denn Christus selbst ist der Tempel; „der Herr, Gott, der Allmächtige, ist ihr Tempel, und das Lamm" (Offb.21,22). Also wird auch künftig kein anderes Israel mehr als auserwähltes Volk anerkannt, als nur das Israel nach dem Geiste durch den Glauben. Mehr als Joseph ist Jesus, Er ist wahrhaftig der Heiland der Welt.

JUDA – EIN FÜRSPRECHER

„ICH WILL BÜRGE FÜR IHN SEIN" (1.MO.43,9)

Joseph bleibt hart. So leicht nimmt auch unser HErr kein Pauschal- und Kollektivschuldbekenntnis an, vor Ihm muß sich einmal jeder persönlich verantworten. „Der Mann, in dessen Hand der Kelch gefunden worden ist, der soll mein Knecht sein; und ihr, zieht hin in Frieden zu eurem Vater." Jetzt ist Benjamin gefangen, und die Brüder sind frei. Früher war es umgekehrt. Wie schnell kann sich das Blatt wenden, wenn der HErr die Sache einmal ins rechte Licht rückt.

Vermutlich haben sie sich um Benjamin wenig Sorge gemacht, wenn er als Knecht Josephs gefangen zurückbleiben soll. Geliebt haben sie ihn so wenig wie ihren verschollenen Bruder. Nur Juda dachte anders, denn jetzt war e r dran, für Benjamin einzutreten, wie er dem Vater versprochen hatte. Für Juda ist Benjamin immer noch der „Knabe", zwar der jüngste Bruder, aber schon Vater, denn Benjamin hatte wie sie alle Kinder. Ihn bei Joseph zurücklassen wäre nicht nur für Jakob schrecklich gewesen, sondern auch für Frau und Kinder.

Benjamin erscheint nun in den Augen seiner Brüder nicht mehr so tadellos, er muß als gemeiner Dieb angesehen werden. Wie hätte das vorher einer von ihm gedacht, auch er selber wohl nicht. Er kann sich selbst nicht rechtfertigen, er braucht einen anderen, der für ihn spricht. Juda ist jetzt als Bürge gefordert, und er tritt sofort für ihn ein. In ihm erwacht eine Liebe wie Feuergluten, sein tiefes Verlangen nach Gnade läßt ihn in einer ergreifenden Weise für seinen Bruder um Gnade bitten, nicht für ihn selbst, sondern um seines Vaters willen, den er so betrübt hat. In Juda ist wirklich etwas Neues vorgegangen.

Wir würden sicher auch unsere Brüder aus Benjamin für Diebe halten, die nicht die Wahrheit sagen, wenn wir nicht von der Schrift her die Hintergründe wüßten. Der HErr hat ihnen etwas in ihr Lehrgut hineingelegt, was sie hätten untersuchen müssen, zumindest die nachfolgende Generation, worauf Er sie heute festnagelt. Damals konnten sie das nicht erkennen, auch John Nelson Darby nicht, der den Dispensationalismus aufgestellt hat. Wir, die wir von dem prophetischen Irrtum, der ihnen zur Last gelegt wird, freigeworden sind, müssen sie nun überzeugen, daß sie sich gewaltig irren. Wohl oder übel müssen wir uns mit den wegen ihres Anspruchs im allgemeinen ziemlich unbeliebten Darbysten auseinandersetzen, vornehmlich mit jener strengen Richtung, die als exklusiv gilt und sich als die „Versammlung" versteht und auch so bekannt ist, der auch ich entstamme. Nicht nur deshalb, sondern weil sie eine Zentralstellung in den Wegen Gottes zur Wiederherstellung Seiner Gemeinde haben, entsprechend Israel, Jerusalem und Tempel zur Zeit Jesu; ohne sie gibt es keine Erweckung und Entrückung. Vor mehr als dreißig Jahren wurde ich im Zuge einer Ausschlußwelle aus der Versammlung ausgeschlossen und habe keinerlei Verbindung mehr zu ihnen gehabt, bis ich ihre Bedeutung durch die Erkenntnis des prophetischen Wortes, insbesondere des Propheten Sacharja in Verbindung mit den Büchern Esra und Nehemia, auf die sich die Brüderbewegung gründet, vor einigen Jahren wiederentdeckte. Dies trieb mich, sie auf ihre Abweichungen hinzuweisen; ich wollte sie aus ihrem Gefängnis befreien. Dies brachte mir eine unbeschreibliche Feindschaft seitens der Brüder ein, Gott aber weckte in mir um so mehr herzliches Erbarmen für sie.

Um die Brüderbewegung etwas zu verstehen, müssen wir der Rede Judas folgen. Er erinnert Joseph noch einmal daran, wie alles gekommen ist und was es den Vater gekostet hat, Benjamin mit ihnen zu senden. Für einen Darbysten würde das eine Erniedrigung bedeuten, wenn er mit allen Brüdern auf eine Stufe gestellt würde. Glaubt er doch, beim Vater eine Sonderstellung zu haben. Der „junge Knabe, der ihm im Alter geboren wurde", ist noch „allein von seiner Mutter übriggeblieben", denn „sein Bruder ist tot" (44,20). Für uns liegen zwischen Joseph und Benjamin 1800 Jahre Kirchengeschichte, denn die Brüderbewegung ist noch verhältnismäßig jung, erst 150 Jahre alt. (Ich verweise auf das Buch von Gerhard Jordy — Die Brüderbewegung, Wuppertal 1978.) Sie entstand zuerst in England und ist aus dem Gedanken an das himmlische Jerusalem geboren, „welches unsere Mutter ist" (Gal.4,26). Leider haben die Benjaminbrüder ihre Mutter nicht mehr gekannt, deshalb auch nicht das geistliche Israel erkannt. Denn die Gemeinde Israel, das „Israel nach dem Geiste", wie sich nachweislich die ersten Christen nannten, starb schon sehr früh, wie Rahel bei der Geburt Benjamins. Dieser Umstand hat den „Sohn meiner Not" (Benoni) für Jakob zum „Sohn des Glückes" (Benjamin) werden lassen; er war nach dem mysteriösen Verschwinden von Joseph noch sein einziger Trost (35,18). Auch die Brüderbewegung ist aus der Not geboren und war dem Vater unseres HErrn Jesus Christus angesichts des kirchlichen Ruins ein Trost, wenn auch nur ein schwacher. Als solcher verstanden sich auch damals die „Brüder" und bekannten sich demgemäß als „schwacher Überrest" des Leibes, indem sie die Wahrheit von der Einheit des Leibes wieder auf den Leuchter stellten und vielen Seelen Befreiung aus den „Systemen" und der Gesetzlichkeit brachten. „Trennung vom Übel" und „siehe, der Bräutigam kommt" war ihr Weckruf.

Die Brüderbewegung war eine wahrhaft philadelphische Bewegung. Sie entstand aus der anglikanischen Kirche und hatte als

Gemeinde erstmals wieder ein geschlossenes biblisches Vorbild zur Grundlage, nicht nur das entsprechende Sendschreiben, sondern die diesem zugrunde liegenden Bücher Esra und Nehemia zur Wiederherstellung des geistlichen Tempels und der Mauer der Absonderung. Was ihr dabei fehlte, war die Erleuchtung über den Boden, auf dem sie sich versammelten, und die Erkenntnis der Berufung der Bauenden als „Kinder Israel". Weil sie die Weissagung Haggais und Sacharjas nicht zu Hilfe nahmen, die zum Kontext in Esra gehören (Esra 5,1 und 2; Sach.14,1-2), fielen sie in die Prophetie bzw. den Geist des alten Bundes zurück. Das himmlische Jerusalem wurde ins Jenseits verlegt und das vergängliche, irdische, tote Jerusalem zur „Stadt des großen Königs" erhoben. Die Lehre von den zwei Heilshaushaltungen war aus der Taufe gehoben, das Reich Gottes zerfiel in einen himmlischen und in einen irdischen Teil. Mit dieser „seligen" Meinung bin auch ich aufgewachsen, und darin sind alle Darbysten in ihrem Denken so verwurzelt, so daß sie ihre ewige Errettung davon abhängig machen und jeden, der anders lehrt, sofort als Irrlehrer bezeichnen.

Ungeachtet ihrer irrigen prophetischen Auffassungen, die zeitbedingt waren und sich damals kaum auswirkten, waren die Brüder vom HErrn geliebt und gesegnet. Die Bewegung in England breitete sich durch die Missionstätigkeit Darbys rasch in Europa und Nordamerika aus. In Deutschland entstanden überall Versammlungen, hauptsächlich im Siegerland. Bekannte Namen waren Karl und Rudolf Brockhaus, Gründer des Brockhaus-Verlages und Herausgeber der Elberfelder Bibel, die unter Mitwirkung von Darby als die genaueste und zuverlässigste deutsche Bibelübersetzung in weiten Kreisen anerkannt ist.

Der „Versammlung" wurde viel Feindschaft und Verachtung entgegengebracht, erstens weil die Brüder eine Sonderstellung einnahmen und nur echte Wiedergeborene zuließen, was sie mit Esra 4, 1-3 begründeten; zweitens konnten sie sich nicht der Allianz anschließen, denn sie bauten an der Mauer der Absonderung und wollten ein Zeugnis von der *einen* Gemeinde sein. Im Gegensatz dazu ist die Allianz ein Zusammenschluß von Gemeinden nur zum Zwecke der gemeinsamen Evangeliumsverkündigung und will gar nicht die Verschmelzung zu einer Gemeinde. Es wäre der Tod des Leibes gewesen, wenn die Brüder den Boden, den Gott ihnen zum Zeugnis von der Einheit des Leibes gegeben hatte, aufgegeben hätten. Gerne erkannten die Brüder an, was Gott durch andere tat, aber ihr Platz war wie Benjamin innerhalb des Hauses.

Die Brüder waren Meister der Schriftauslegung, Darby selbst ist mit Paulus vergleichbar, sowohl in Seiner Hingabe und reichen Begabung als auch wegen seines kämpferischen Geistes; er kannte wie sein großes Vorbild nichts anderes als Christus und Seinen Leib, dem er dienen wollte, nur Paulus mit Israel und Darby ohne Israel. „Wir, die Versammlung, haben die himmlische Berufung; Israel hat irdische Verheißungen", lautete seine These. Darby konnte mit dem „Reich der Himmel" im Matthäusevangelium ebensowenig anfangen wie Luther mit dem Jakobusbrief. Er war mehr im Epheserbrief zu Hause. Die „Versammlung" hatte große Lehrer und Schriftsteller. Ein Meisterwerk ist die Schrift: „Die Herrlichkeit Jesu Christi, unseres Herrn, in Seiner Menschheit". Unsere Betrachtung ist das Gegenstück dazu, das den Brüdern nicht geoffenbart war: Die Herrlichkeit Jesu Christi als König in Seinem Reich. Die Brüder würden das Königtum Jesu eher bestreiten, als dass sie anerkennen würden, daß Jesus jetzt König ist und bis in Ewigkeit. Diese Seite haben die Brüder nicht gesehen, was für ihre Zeit auch nicht erwartet werden konnte, da ihr Dienst das allgemeine Priestertum war, das Darby, wie wir es im Buche Esra finden, den Gläubigen wiedergab, in Verbindung damit auch die Grundsätze der Absonderung von der Welt, zu einem Teil auch die Wahrheit über die Versammlung Gottes, alles von bleibendem Wert. Viele Kreise haben das darbystische Gedankengut und Gemeindebekenntnis übernommen. Die Erkenntnis der Brüder ist heute Allgemeingut, leider auch ihre Prophetie. Diese kurze Darstellung der Brüderbewegung möge zeigen, daß sie kein unwesentlicher Teil der Kirche Christi sind, sondern zum Kern des Ganzen gehören. Natürlich sind sie nicht mehr das, was sie einst waren; nur an den Formen, die zur Erstarrung geführt haben, hat sich kaum etwas geändert. Aber „mein Vater sprach zu uns", erklärt Juda, „daß mein Weib mir zwei geboren hat; und der eine ist von mir weggegangen, und ich sprach: Fürwahr, er ist gewißlich zerrissen worden; und ich habe ihn nicht mehr gesehen bis jetzt". Aus diesen Worten entnehmen wir, daß die Mehrheit der Brüder nicht von dem geliebten Weib Israels sind, denn sie hat nur zwei geboren. Die übrigen „Söhne Israels" sind von anderen Gemeindeweibern, die zwar auch fruchtbar waren, aber dennoch nicht so geliebt waren wie die Brüderversammlung. Das spielt zwar letztlich keine Rolle mehr, ist aber im Blick auf den Bruderdienst, den wir an „Benjamin" zu tun haben, wichtig zu wissen, damit wir die rechte Haltung und Wertschätzung für das, was wir ihnen verdanken, ihnen gegenüber einnehmen. Die wahre himmlische Gemeinde bestand eigentlich nur zur Apostelzeit und hieß „Jerusalem", aus Israel und als neues Israel, vereinigt mit den Nationenzweigen, wie das Bild vom Ölbaum zeigt (Röm.11,16-17). Der Leib Christi ist aber bald danach von den hinzugekommenen, eingepfropften „Nationen" vollständig eingenommen worden und ward als Gemeinde Israel nicht mehr gesehen bis heute. Der Lebensbaum in Dan.4 zeigt, dass die Nationenkirche eine selbständige Einheit geworden ist.

Der Christus Israels wurde buchstäblich zerteilt, was der Apostel schon bei den Korinthern beklagte, zerteilt in einen himmlischen und einen irdischen, in einen für die Gemeinde und einen für Israel, obwohl beide identisch sind. Schlimmer ist, daß man Christus, den HErrn, den Geist, in einen für das Fleisch und die natürliche Welt aufteilte, der Er gestorben ist. Damit zerteilte man den Bund und zerriß die Einheit der Heiligen Schrift. Die sprichwörtliche „Zerrissenheit unter den Gläubigen", die uns heute so schmerzlich bewußt wird, ist eine Folge der Aufteilung des Evangeliums in eins für heute und in ein „Evangelium vom Reich", obwohl beide dasselbe sind und zur Apostelzeit dasselbe waren (Apg.1,3; 28,31), und dem die Brüder eigentlich am nächsten standen, ohne es zu wissen. Es ist immer dasselbe Evangelium, ob es „das Evangelium der Gnade Gottes" (Apg.20,4), oder einfach als „Evangelium Gottes" (Röm.1,1) oder als „Evangelium des Friedens" (Eph.6,5) bezeichnet wird und „Evangelium der Herrlichkeit des seligen Gottes" (1. Tim. 1,11) und zuletzt das „ewige Evangelium" (Offb.14,6) – es gibt nur *ein* Evangelium des Heils in Christus wenn auch verschiedene Bezeichnung dafür gebraucht werden aufgrund unterschiedlicher Betonung. Alle diese verschiedenen Bezeichnungen des Evangeliums haben denselben Inhalt: CHRISTUS, den Gekreuzigten und Auferstandenen. Bei dem „ewigen Evangelium" handelt es sich keineswegs um ein neues, anderes Evangelium, wie oft behauptet wird, welches das alte „Wort vom Kreuz" ablöst und, wie man denkt, nach der Entrückung verkündigt werden wird. Der Apostel Paulus hat uns klar und unmißverständlich gesagt, daß es kein anderes Evangelium gibt und geben kann und auch kein Engel vom Himmel etwas anderes verkündigen darf, als das alte, ewige, herrliche, kraftvolle Evangelium von Jesu und Seiner Herrlichkeit, das uns Gottesfurcht und Vertrauen einflößt.

Wir müssen den Herrn anflehen, uns nicht noch mehr durch evangeliumsfremde Lehren und wirre Geister zerstreuen zu lassen, die den einen Heilsplan Gottes, den Er in Christo Jesu vor den Zeitaltern gefasst hat, aufteilen und abstufen wollen. Oft sind Benjaminbürder von ihrer doppelten Sicht so eingenommen, dass sie gleich mit jedem abrechnen und das Gespräch abbrechen, der nicht ihre Überzeugung teilt. Wir sollten ihnen größere Langmut und Gnade beweisen, wenn es uns wirklich Ernst ist um das Einssein mit allen Kindern Gottes. Wir müssen dem HErrn beweisen, dass wir solche Brüder nicht einfach aufgeben, wenn sie nicht unserer Ansicht sind. Unser treuer Hohepriester betete: „Ich bitte für sie; nicht für die Welt bitte ich, sondern für die, welche du mir gegeben hast, denn sie sind dein, und alles was mein ist, ist dein, und was dein ist, mein".

Ehe Jesus nur ein wenig in Seinem Herzen bewegt werden kann, sich uns zu offenbaren, müssen wir dahin gebracht sein, wie Juda oder Epaphras für den „jüngsten Bruder" wie für alle Heiligen im Gebet einzustehen, ja zu ringen (Kol.4,12; Eph.6,18). Für jeden Bruder würden wir mit Freimütigkeit beten, jeden annehmen wie er ist, aber um einen Exklusiven gibt man nicht viel. Sie sind in der Tat eine besondere Klasse Heiliger, die man am liebsten sich selbst in ihrer Umzäunung überlässt. Doch gerade sie brauchen wie kein anderer die Fürsprache anderer Brüder, sie brauchen Fürbitte bei Gott und Menschen. Auch ich selbst brauche Fürsprache bei ihnen. „Jeder, der den liebt, welcher geboren hat, liebt auch den, der aus ihm geboren ist. Hieran wissen wir, daß wir die Kinder Gottes lieben, wenn wir Gott lieben und seine Gebote halten" (1.Joh.5,1-2).

Streiten wir nicht mit ihnen um Lehren. Lass' sie an ein politisches Israel glauben und ständig nach Jerusalem unterwegs sein, lass' sie ihnen eine große Drangsal prophezeien und von einem tausendjährigen Reich träumen. Utopien kann man nicht widerlegen, die Realität wird sie ernüchtern. Ihre alttestamentlich begründete Israel-Prophetie ist wie das Märchen „Des Kaisers neue Kleider", ein kleines Mädchen entlarvte den ganzen Schwindel. „Ziehet ihm die schmutzigen Kleider aus; und zu ihm sprach er: Siehe, ich habe deine Ungerechtigkeit (Schuld) von dir weggenommen, und ich kleide dich in Feierkleider" (Sach.3,4). Das Gesetz und die Propheten können nicht den Sünder rechtfertigen, denn „alle unsere Gerechtigkeiten sind wie ein unflätiges Kleid" (Jes.64,6). Nur der Glaube an das vollbrachte Werk des Herrn Jesu am Kreuz, wo Er das ganze Gericht, das Mose und die Propheten über das Volk und die Welt geweissagt haben, getragen hat, einer für alle, bekleidet jeden Glaubenden mit Kleidern des Heils und dem „Mantel der Gerechtigkeit" (Jes.61,10). Das verkündigten die Apostel Juden und Heiden. Etwas anderes haben wir der Welt auch nicht zu verkündigen.

Der Hauptpunkt ist ein anderer: Den Gläubigen einen kommenden Antichrist als Person einzureden – das kränkt Jesus zutiefst. Er hat verheißen: Ich komme bald! Darauf sollen wir vorbereitet sein und warten und uns nicht von einem anderen Christus einschüchtern lassen; es gibt in der letzten Zeit viele falsche Christi. Und jener Typ, genannt der Gesetzlose, ist längst gekommen und hat sich in die Gemeinden eingeschlichen und hat das Sagen im Tempel Gottes. Jetzt stecken die Brüder in einem Dilemma, eigentlich nur durch einen Lesefehler. „Und jetzt wisset ihr, was zurückhält, daß er zu seiner Zeit geoffenbart werde" (2.Thess.2,6). Niemand anderes als die Brüder selbst halten mit ihrer falschen Prophetie den Tag des Herrn zurück, dem ja nach ihrer Lehre erst die Entrückung vorausgehen muss. Plötzlich aber wurde der Kelch im Sacke Benjamins gefunden, der Tag hat sie erwischt, sie sind bestürzt.

BENJAMIN BRAUCHT SEELSORGE

Es genügt nicht allein, für unsere irrenden Brüder zu beten, wir müssen ihnen nahen und mit ihnen reden, um sie zu gewinnen. Sie brauchen einen Dienst, eine richtige Seelsorge und einen Fürbittedienst. Wenn es irgend solche Bruderdienst gibt, die Gott wohlgefällig sind und die Er unterstützen kann, dann sollten wir sie an unseren Benjaminbrüdern tun, um sie von der Verirrung ihres Weges zurückzubringen. Denn viele von ihnen sind krank an der Seele, leidend und trauernd durch das lange Eingeschlossensein. Sie kamen nie über ihre Grenzen hinaus, atmeten stets ihren eigenen Atem und kannten keine andere Speise als die einseitige und unzeitgemäße Kost der immer wieder neu aufgelegten „alten Betrachtungen". Dies hat sie sehr offenbarungsscheu, schwach und fast blind gemacht für andere Einsichten. Ihre einzige Aktivität besteht in der „Verbreitung der Heiligen Schrift", obwohl auch dafür heute kein Bedarf mehr ist in unserem Land. Ich würde nicht einfach eine Bibel verschenken, besser nur ein Evangelium. Wenn ein Ungläubiger das Alte Testament und die Offenbarung liest, wird er abgestoßen von der Gewalt, höchstens ein Moslem könnte dazu ja sagen. Man muss unseren Zeitgenossen erklären, dass das Wort Gottes im Geiste Jesu verstanden werden muss, auch die Offenbarung. Gerade bei dem letzten Buch der Bibel können sich Christen und Islamisten gut vereinigen, wenn sie es buchstäblich verstehen.

Das Schwert aus Seinem Munde ist das Wort Gottes, und davon muss niemand sterben. Auch Joseph hat nicht im Sinn gehabt, die Brüder oder etwa Juda, den Anführer, zu töten. Die Macht und der Schrecken liegen in dem gesprochenen Wort, das die Gesinnung, das Fleisch des inneren Menschen richtet.

Kein Wunder, dass unsere geistlichen Brüder einen so bedrückten und betrübten Eindruck machen, wenn sie gestellt werden, wie man sich nur Benjamin vor Joseph vorstellen kann. Ich möchte das nicht ironisch verstanden wissen, es ist mir bitterer Ernst, sie erregen mein tiefstes Mitleid. Wie sind die in meiner Jugendzeit so großen von mir verehrten Brüder geendet. Nichts von dem hat sich erfüllt, was sie in den letzten Jahren so überzeugt vorausgesagt haben. Gog und Magog, als Rußland gedeutet, sollten in Israel einmarschieren. Seitdem ist es still geworden um Voraussagen. Wie armselig elend sind sie geworden und heruntergekommen. Man möchte ein Klagelied über die „Versammlung" anstimmen, und sie selbst klagt: „Merket ihr es nicht, alle, die ihr des Weges ziehet? Schauet und sehet, ob ein Schmerz sei wie mein Schmerz, der mir angetan worden, mir, die der Herr betrübt hat am Tage seiner Zornglut" (Klagel.1,12).

Es ist sehr schwer, an sie heranzukommen oder sie überhaupt zum Sprechen zu bringen, ohne gleich mit Anklagen und Urteilen überhäuft zu werden. Sie wissen ja auch nicht, wie der „Wahrsagerkelch" in ihren Sack gekommen ist. Und wieso sollte Joseph-Jesus so erzürnt über sie sein.

Ihre Unnahbarkeit hat noch einen anderen Grund. Der fromme Stolz, der aus dem Schriftgelehrtentum erwachsen ist, hindert sie, sich dienen und belehren zu lassen. Es ist so schwierig mit ihnen, wie einst Jesus mit den Pharisäern, worunter es auch Aufrichtige gab. Man muss für einen Dienst an den Brüdern berufen sein, denn kaum nehmen sie einen für voll, der nicht von ihnen ist, der nicht ihre Sprache spricht. Es sei denn, man ist ihnen in der Schriftkenntnis gewachsen und weiß sofort, wo was steht. Wichtig ist auch, keiner „Benennung" anzugehören bzw. diese nicht zu verraten. Denn einen Namen für eine Gemeinde oder Versammlung lehnen sie ab. Danach schätzen sie jemand ein. Man muss im Umgang mit ihnen bibelfest sein und Einwänden mit den Worten Jesu begegnen können: „Habt ihr nie gelesen...?" (Mark.2,25). Zweitens, man muss einen klaren Erkenntnisvorsprung haben. Diesen hat der HErr uns in Seiner Barmherzigkeit unserer Schwacheit und Schmach wegen durch Seine Offenbarung geschenkt. Die Offenbarung des „Geheimnisses Gottes" kennen sie noch nicht (Offb.10,7), daher auch nicht das „Geheimnis der Gesetzlosigkeit" (2.Thess.2,7). Gänzlich verborgen ist ihnen das „Geheimnis des Christus" (Eph.3,4), das leicht erkannt wird, wenn man das Vorbild Josephs oder Salomos heranzieht.

Wer nicht die Gabe der Überführung hat oder wer zu ängstlich ist, sollte sich auf Fragen beschränken. Gezielte Fragen sind oft wirksamer als die schlagendsten Gegenargumente, z.B. die Frage, wer sie meinen, dass Jesus sei? (Matth.16,15). Unsere Theologie ist sehr einfach geworden, sie besteht aus nur drei Fragen:

Glaubst du, dass Jesus der Sohn Davids ist? (Mark.10,47)!

Glaubst du, dass in Ihm uns die „gewissen Gnaden" Davids gegeben sind? (Apg.13,34)!

Glaubst du, dass in Ihm uns alle Verheißungen der Propheten geschenkt sind? (2.Kor.1,20; 2.Petr.1,4)!

An den Antworten hängt das ganze Evangelium, und damit sind alle Streitfragen über das Gesetz und die Propheten erledigt (Matth.7,12).

Wenn sie diese Schriftstellen bejahen, bei der letzten werden sie etwas zögern, dann ist es leicht möglich, sie zu einem besseren Verständnis des prophetischen Wortes zu führen bzw. sie zum Nachdenken zu bringen.

DIE BRUDERLIEBE SIEGT

Nach der langen Wartezeit, die wir auf Jesu Offenbarung warten, steht nun „Sein Heil im Begriff zu kommen" (Jes.56,1). Jetzt liegt es nur noch an uns, ob wir bereit sind, uns für die Brüder zu verbürgen und notfalls „für die Brüder das Leben darzulegen" (1.Joh.3,16). Juda ist ein wahrhaft königliches Beispiel, wie einer sich für seinen schwachen Bruder verwendet. Er, bei dem man einst hätte zweifeln können, ob er überhaupt ein Bruder ist, als er Joseph verkaufte, kämpft um Benjamin wie um seine eigene Seligkeit. Darum „werden dich, Juda, deine Brüder preisen" (49,8-12). „Jeder, der den liebt, welcher geboren hat, liebt auch den, der aus ihm geboren ist." (1.Joh.5,1).

In Juda haben wir die echte Bruderliebe, die erst geweckt wird, wenn wir den Vater lieben, der Seinen einzigen geliebten Sohn für uns alle dahingegeben hat. Es geht also um die Beziehung zum Vater. Kann man dem himmlischen Vater antun, ein Kind zu verlieren? „Und nun, wenn ich zu deinem Knechte, meinem Vater komme, und der Knabe ist nicht bei uns – und seine Seele hängt an dessen Seele, – so wird es geschehen, dass er stirbt". Es gäbe keine „Hoffnung Israels" und auch keine „Wiederkunft Jesu". Es wäre nicht auszudenken, wenn ausgerechnet die Brüder im Herrn aus „Benjamin" bei der Entrückung zurückbleiben müssten, da sie doch wie kein anderer darauf hoffen. Daheim zu sein, im Vaterhaus; ihr Heimweh kommt in vielen ihrer Lieder zum Ausdruck. „Ich gehe heim, bin Fremdling nur hienieden", singen die Alten; nur bei den Jungen, die das Leben lieben, ist das nicht ganz echt. „Ich sehne mich nach dir, mein Heiland", und: „Zu Kanaans heiß ersehnter Wohnung führt Gottes Liebe meinen Fuß" passt sehr gut zum Segen Moses nach der langen Wüstenreise, wenn auch Benjamin sich selbst kennengelernt hat. „Von Benjamin sprach er: Der Liebling des Herrn! In Sicherheit wird er bei ihm wohnen" (5.Mo.33,12).

Gott bevorzugt oder benachteiligt keins Seiner Kinder, andererseis sind die Beziehungen Seiner Kinder zum Vater verschieden innig. Man kann das heraushören, wie wir von Ihm reden. Die Einen sagen Gott, Herr oder Jesus, aber Benjaminbrüder sagen immer Herr Jesus, sie werden niemals Herr Gott oder Herr Christus oder Jesus Christus sprechen. „Achte darauf", wurden wir Jüngeren belehrt, „ob sie Herr Jesus sagen"; es war ein Beweis, ob einer wirklich wiedergeboren ist. Und selbst ihre Lieder, wo noch Jesus steht: „Jesu du, Jesu du, du bist meiner Seele Ruh…", werden in einer neuen Auflage ergänzt mit *Herr* Jesu, obwohl sich das nicht mehr reimt. Ihre Seele ist, wie es scheint, sehr eng mit dem Vater und dem Sohn verbunden, „nichts kann uns von dir mehr scheiden, nichts kann uns verdammen mehr", dass es schon ungehörig wäre, Jesus unseren Bruder zu nennen und Ihn so auf unsere Ebene herabzuziehen. Und doch steht dieser Benjamin vor seinem leiblichen verherrlichten Bruder und braucht einen Juda als Fürsprecher und Bürgen. Krasser könnte der Gegensatz nicht sein. Nein, nicht der arme Benjamin rührt Josephs Herz. Es ist Judas verzweifelter Apell für die Freilassung Benjamins. Joseph weiß nun nach der Rede Judas, dass eine Tat wie damals mit ihm sich nicht wiederholen wird. Juda hat ein Herz für den Vater und er ist zum Herzen Josephs vorgedrungen.

Ich bin Joseph, euer Bruder

„Ich will deinen Namen kundtun meinen Brüdern" (Hebr.2,12)

„Da konnte Joseph sich nicht mehr bezwingen vor allen, die um ihn standen, und er rief: Laßt jedermann von mir hinausgehen. Und es stand niemand bei ihm, als Joseph sich seinen Brüdern zu erkennen gab. Und er erhob seine Stimme mit Weinen; und die Ägypter hörten es, und das Haus des Pharao hörte es".

Joseph war überwältigt, sein Herz war getroffen, er konnte seine innere Erregung nicht mehr zurückhalten. „Ich bin Joseph, lebt mein Vater noch?" rief er weinend. Seine Brüder schraken zurück, ihnen verschlug es die Sprache, als sie sich plötzlich dem totgeglaubten Bruder gegenüber sahen. „Gott hat meine Schmach weggenommen!" sagte Rahel bei der Geburt Josephs; sein Name heißt: „er nimmt weg" oder „er fügt hinzu".

Wenn schon Josephs Offenbarung die Brüder schockierte, wieviel mehr wir bei der Offenbarung Jesu Christi. Johannes fiel zu Seinen Füßen wie tot, so hatte er seinen HErrn noch nicht gesehen, selbst nicht auf dem Berge der Verklärung. Wir werden Jesus sehen, aber wie wird Er aussehen? Stellen wir uns das nicht so rosig vor, auch wenn Johannes uns Seine Erscheinung beschreibt und wir sie deuten können. In Seine „Augen wie eine Feuerflamme" zu schauen, wer kann davor bestehen? Und wir lesen am Schluss der Offenbarung: „Ich, Jesus, ich habe meinen Engel gesandt, euch diese Dinge zu bezeugen in den Gemeinden". Jesus selbst ist der Autor des letzten Buches. Wie konnten wir Ihn nur so vollkommen verkehrt verstehen und neben Ihm noch ein anderes Zeugnis setzen? Denn Jesus sagt, und das sollen wir deutlich hören und lesen: „**Ich** bin die Wurzel und das Geschlecht Davids, der glänzende Morgenstern". Ist das wahr? Wer es liest, der beachte es: Sein „Ich" heißt, kein anderer als „Ich, Jesus". Er sagt nicht, ich bin aus dem Geschlecht Davids, oder ich bin auch das Geschlecht Davids. Nein, E r betont, dass E R das wahre Geschlecht Israels und Davids ist. „Ich" heißt, kein anderer Mensch, kein Jude, kein anderes Geschlecht, keine andere Abstammung, kein anderes Volk ist das Geschlecht Davids. Im Johannesevangelium lesen wir oft das „Ich bin": „Ich bin das Licht der Welt, Ich bin das lebendige Brot, Ich bin der gute Hirte, „Ich bin der Weg und die Wahrheit und das Leben" (Joh.14,5). Heißt das, es gäbe einen anderen Weg, eine andere Wahrheit, ein anderes Leben als Jesus, der das ewige Leben ist? Sicher nicht. Dann gibt es auch kein anderes auserwähltes Volk als die, welche an Seinen Namen glauben, „welche nicht aus Geblüt, noch aus dem Willen des Fleisches, noch aus dem Willen des Mannes, sondern aus Gott geboren sind" (Joh.1,13). Das wird die große Überraschung sein für die darbystischen Brüder und alle, die ihrer Politisierung und Profanisierung des prophetischen Wortes gefolgt sind. Die Reformatoren wären mit ihren fünf Solas, allein der Glaube, allein die Gnade, allein Christus, allein die Schrift von dem „Ich bin" nicht überrascht, denn sie haben schon immer das falsche Geschlecht als falsch erkannt, ob es nun jüdisch, islamisch oder katholisch war.

Welch ein Augenblick wird die Offenbarung des HErrn Jesus für uns sein. Wir werden nach dem ersten Schock Seinem Bilde gleichförmig sein, „denn wir werden ihn sehen wie er ist" (1.Joh.3,2). Noch einmal beteuert Joseph den Brüdern: „Ich bin Joseph, euer Bruder, den ihr nach Ägypten verkauft habt". Es ist, als ob wir direkt die Stimme Jesu hören würden, ihr habt die zwölf Stämme und die 144000 auf dem Berge Zion völlig falsch zugeordnet, denn

I c h bin Davids Geschlecht und Davids Ursprung. „Denn sowohl der, welcher heiligt, als auch die, welche geheiligt werden, sind alle von *einem*, um welcher Ursache willen er sich nicht schämt, sie Brüder zu nennen" (Hebr.2,11). Von „einem", das heißt von *einem* heiligen, dem göttlichen Samen, von *einem* Vater im Himmel, von *einem* Volk, Israel, und aus *einem* Stamm, Juda, in Christo. „So viele ihn aufnahmen, denen gab er das Recht, Kinder Gottes zu werden, denen, die an seinen Namen glauben" (Joh.1,12). Daher versichert uns Jesus in Seiner Offenbarung gleichsam: Ich bin Jesus, euer Bruder! Und wir antworten wie die Stämme Israels bei David, um ihn zum König zu machen: „Siehe, wir sind dein Gebein und dein Fleisch" (2.Sam.5,1). Nicht, „mache Jesus zu deinem Herrn!" sondern: „Er ist dein Herr, so huldige ihm!" (Ps.45)

Joseph wollte allerdings nicht, dass die Brüder ihm huldigten. Nein, Gott allein die Ehre! „Tretet doch zu mir her! Ich bin Joseph, euer Bruder, den ihr nach Ägypten verkauft habt. Und nun betrübet euch nicht, und es entbrenne nicht in euren Augen, daß ihr mich hierher verkauft habt; denn zur Erhaltung des Lebens hat Gott mich vor euch hergesandt ...". Und dann lagen die Brüder sich mit dem Bruder in den Armen und weinten. Ein herzzerreißendes Wiedersehen. „Und er fiel seinem Bruder Benjamin um den Hals und weinte; und Benjamin weinte an seinem Halse: Und er küßte alle seine Brüder und weinte an ihnen; und danach redeten seine Brüder mit ihm". Benjamin brauchte das besonders, weil er durch den Dispensationalismus, den er überall verbreitet hat, der Urheber der prophetischen Verirrung ist. Jetzt darf er erkennen, wie herrlich die Offenbarung Jesu Christi ist, die alle Not behebt, für die Seinen und die Welt.

Es ist alles gut, alles, der Irrtum ist aufgeklärt. Es waren Gottes Wege, „nicht ihr habt mich hierher gebracht, sondern Gott".

„Eilet und ziehet hinauf zu meinem Vater und sprechet zu ihm: So spricht dein Sohn Joseph: Gott hat mich zum Herrn von ganz Ägypten gemacht; komm zu mir herab, säume nicht! ... und berichtet meinem Vater alle meine Herrlichkeit in Ägypten, und alles was ihr gesehen habt".

So hat auch Jesus gebetet: „Vater, ich will, dass die, welche du mir gegeben hast, auch bei mir seien, auf daß sie meine Herrlichkeit schauen, die du mir gegeben hast, denn du hast mich geliebt vor Grundlegung der Welt. Gerechter Vater!–" (Joh.17,24). Nur zu gerne verbindet man dieses Schauen mit der Entrückung.

Doch es würde uns viel entgehen, wenn wir jetzt nicht Seine Herrlichkeit sehen würden. Zu Anfang hatten wir erwähnt, dass über die Herrlichkeit Christi in Seiner Menschheit wunderbare Bücher geschrieben wurden, aber die Offenbarung Jesu Christi zeigt uns Seine himmlische Herrlichkeit und Macht, an der wir als Könige und Priester teilhaben sollen (Offb.4 u.5).

Noch währt die Hungersnot im Lande, „dass kein Pflügen noch Ernten sein wird. Und Gott hat mich vor euch hergesandt, um euch einen Überrest zu setzen auf Erden und euch am Leben zu erhalten für eine große Errettung."

Dann schaltet sich der Pharao ein, als er hört, dass die Brüder Josephs gekommen sind. Er findet das gut, auch in den Augen aller seiner Knechte ist das gut. Wie sollte es im Gegenbild auch anders sein, dass wahre Diener Gottes mit Gottes Willen und Plan nicht einverstanden wären. Der Pharao will ihnen „das Beste des Landes geben, ihr sollte das Fett des Landes essen... Lasst es euch nicht leid sein um euren Hausrat". Reich beschenkt und mit neuer Erkenntnis und Hoffnung gestärkt ziehen die Brüder heim. „Und erzürnet euch nicht auf dem Wege" gibt Joseph ihnen noch mit. Über Erkenntnisunterschiede soll man nicht mehr streiten, sondern vom Mangel zum Genuss kommen.

Noch ein Wort zu dem „Hausrat". Das ist all das Hergebrachte und Überlieferte, theologische Bücher, Lehren, Traditionen, an denen man hängen mag. Für ihre Zeit gut, aber nun muss der Blick nach vorne, nach oben gerichtet werden auf Jesus hin, Seine Herrlichkeit anschauend und die Herrlichkeit Seines Reiches. In diesem Lichte wird man die Bibel neu lesen und verstehen. Da gibt es viel zu studieren, und das kann jeder im Selbststudium. Theologiestudium, Bibelschulen sind überflüssig, der Geist ist es, der uns in alle Wahrheit leitet, um die Schriften zu verstehen (Luk.24,25-27.45).

Zu Hause angekommen, nicht mehr mit Bangen und schlechtem Gewissen, sondern mit einer herrlichen Botschaft: „Joseph lebt noch, und er ist Herrscher über das ganze Land Ägypten". Glauben wir das auch von Jesus? Jesus lebt! Es spricht sich so leicht nach, das Glaubensbekenntnis:

> „...am dritten Tage auferstanden von den Toten,
> aufgefahren in den Himmel;
> er sitzt zur Rechten Gottes,
> des allmächtigen Vaters;
> von dort wird er kommen,
> zu richten die Lebenden und die Toten."

Wenn Jesus lebt, warum rechnen wir nicht wirklich mit Ihm? Wir werfen alle unsere Sorgen auf Gott, aber wir holen sie immer wieder zurück. Wir sprechen von Glaubensschritten und wollen Ihm vertrauen, aber Angst und Zweifel sind mächtiger.

Die Brüder Joseph haben nun völlige Gewissheit, dass Joseph lebt. Sie haben ihn persönlich gesehen, er hat sich ihnen offenbart, sie haben seine Herrlichkeit gesehen. Die Macht dieses Vorbildes wollen wir auf uns wirken lassen. „Mein Herr und mein Gott!" bricht aus es Thomas heraus, als er die Malzeichen des HErrn Jesu gesehen und betastet hat (Joh.20,28). Die Herrlichkeit machte Joseph aus. Hätte er sich ihnen in der Kleidung eines einfachen Mannes, als Bauer oder Hirte zu erkennen gegeben, würden sie ihn wohl als Getreideverkäufer angesehen haben. So, so, du bist also hier gelandet, hätten sie wahrscheinlich gesagt. Jesus erschien in Knechtsgestalt, ein Landprediger und Wunderheiler, und doch sahen Seine Jünger, und nur sie, Seine Herrlichkeit, „eine Herrlichkeit als eines Eingeborenen vom Vater, voller Gnade und Wahrheit" (Joh.1,14). Die Welt erkannte Ihn nicht.

Als Jakob die Wagen sah, die Joseph gesandt hatte, ihn zu holen, da lebte er auf und sprach: „Genug! Joseph mein Sohn lebt noch!" Sollte Jakob wirklich nach Ägypten ziehen? Seinem Vater Isaak wurde es einst versagt, als eine Hungersnot ausbrach, „ziehe nicht nach Ägypten hinab; bleibe im Lande ... und ich werde mit dir sein" (1.Mo.26,1-6). Doch nun zog es den Sohn zum Vater und den Vater zum Sohn. „Ich will hinziehen und ihn sehen, ehe ich sterbe", sagt Jakob.

2000 Jahre später ist es ähnlich. Für die Juden, die an Jesus Christus gläubig geworden waren, besonders für die sogenannten Jakobsjuden, auch keine leichte Entscheidung, sich von der Synagoge zu trennen und einer Nationengemeinde anzuschließen. Doch dort geht der Weg weiter, wobei der Überrest Israel immer noch das „Beste des Landes" hat, weil ihm ja „zuerst die Aussprüche Gottes anvertraut worden sind" (Röm.3,2). Gute Bibelkenntnis war ihr Schatz und ein unschätzbarer Vorteil. Doch nun sollen beide den geistlichen Wert der ganzen Schrift kennenlernen. Christi Liebe zu uns und unsere zu Ihm, bewegt uns, Seinem Worte zu glauben und Seiner Weisung zu folgen.

ISRAEL KOMMT

„Und Israel brach auf und alles was er hatte, und kam nach Beerseba; und er opferte Schlachtopfer dem Gott seines Vaters Isaak". Dort spricht Gott ihn an: „Fürchte dich nicht, nach Ägypten hinabzuziehen: denn zu einer großen Nation will ich dich daselbst machen.

I c h will mit dir nach Ägypten hinabziehen, und i c h will dich auch gewißlich heraufführen; und Joseph soll seine Hand auf deine Augen legen" (46,1-4). Genau diesen Plan sehen wir im ganzen Neuen Testament bis zum letzten Buch. In der Offenbarung geht der Weg unmerklich nach Babylon hinab, danach aber, nach dem Fall Babylons, herauf zu der heiligen Stadt, dem neuen Jerusalem.

„Da machte sich Jakob von Beerseba auf, und die Söhne Israels führten Jakob, ihren Vater und ihre Kinder und ihre Weiber auf den Wagen, die der Pharao gesandt hatte, ihn zu holen. Und sie nahmen ihr Vieh und ihre Habe, die sie im Lande Kanaan erworben hatten, und kamen nach Ägypten, Jakob und alle sein Same mit ihm: seine Söhne und die Söhne seiner Söhne mit ihm, seine Töchter und die Töchter seiner Söhne, und alle seinen Samen brachte er mit sich nach Ägypten". Dann werden sie alle einzeln aufgezählt. Mit ihnen werden auch die beiden Söhne Josephs schon mitgezählt, auch Joseph und Asnath, vier, zusammen siebenzig Seelen. Keiner blieb in Kanaan zurück, es ist das ganze Haus Israel.

Diese Tatsache sollte auch unseren Israelfreunden zu denken geben, die Gemeinde am Pfingsttage war das *ganze* Israel, alle anderen aber gehörten zu dem „verkehrten Geschlecht" und waren die „Ungläubigen in Judäa" (Röm.15,31; 1.Thess.2,14-16). Also kann auch heute niemand zu Israel gehören, der nicht „Buße getan hat und getauft ist auf den Namen Jesu Christi zur Vergebung der Sünden" (Apg.2,38-40).

Der Auszug wird angeführt von Juda, was auf Jesus hinweist, der aus Juda entsprossen ist, der gute Hirte, „er ruft seine eigenen Schafe mit Namen und führt sie heraus und geht vor ihnen her, und die Schafe folgen ihm, weil sie seine Stimme kennen" (Joh.10,1-4). Nun sind auch Vater und Sohn wieder vereinigt, eine sehr bewegender Moment, als Joseph seines Vaters Israel ansichtig wurde, „fiel er ihm um den Hals und weinte lange an seinem Halse". Der Zwiespalt war nicht zwischen ihnen, sondern bei den Söhnen. Die Juden wollten nicht wahrhaben, dass Jesus mit dem Vater eins ist. Im Johannesevangelium (Kap.5-10) redet er beständig von seinem Vater, der ihn gesandt. In der Offenbarungsgemeinde tragen die 144000 „den Namen des Lammes und seines Vaters an ihren Stirnen geschrieben; es sind jedoch nicht zwei Namen, sondern einer (Kap.14,1-5). Denn das Lamm handelt auch in der Offenbarung immer im Sinne des Vaters und als Vater zugunsten der Kinder Gottes.

Bemerkenswert ist, dass Joseph seinen Brüdern empfiehlt, nicht zu sagen, dass sie Schafhirten sind. Er selbst wollte es dem Pharao sagen, aber sie sollten sagen, wenn sie gerufen würden, „deine Knechte haben Viehzucht getrieben, von Jugend auf bis jetzt; ... denn alle Schafhirten sind den Ägyptern ein Greuel". Warum haben denn die Ägypter solche Ablehnung gegen Schafhirten? Das hatte jetzt nichts direkt mit den Hebräern zu tun, wie es bei dem Mahl war. Ihre Abneigung gegen Schafhirten hat einen anderen Grund, der nicht unbedingt gegen Personen gerichtet ist. „Ägypter" lieben nicht, wie Schafe hinter einem Hirten herzulaufen. Wir können das übertragen auf geistliche Führung. Juden waren es immer gewohnt, geführt zu werden. Deshalb konnte Jesus auch so freimütig vom guten Hirten sprechen, der seine Schafe kennt und sie ihn kennen und ihm folgen (Joh.10). Für gläubige Juden war das eine Selbstverständlichkeit, aber die Nationen hatten damit Probleme, weil sie nie eine Seelenführung kannten. Sie waren gewöhnt, frei und selbständig zu sein und sich selber ihre geistigen Führer und Philosophen auszusuchen. Paulus regelt das damit, dass er in jeder Gemeinde Älteste anstellt und das Amt des Aufsehers einrichtet. Die Nationenart kommt noch sehr stark bei den Korinthern zum Ausdruck, was zu Parteiungen und Spaltungen führte. Denn „einer sagt: I c h bin des Paulus; der andere, ich des Apollos, ich aber des Kephas, ich aber Christi..." (1.Kor.1,12). Sich einen Prediger auszusuchen, daran hat sich bis heute nichts geändert in den Nationengemeinden. Evangelikale Gemeinden lassen sich nicht einfach einen Pastor (Hirten) vorsetzen, das wäre eine Zumutung. Er muss sich vorstellen, eine Probepredigt halten, wird ggf. gewählt, und auch dann noch muss er sich nach seinen Schäfchen richten.

Nur bei Brüdergemeinden ist es anders, sie verzichten grundsätzlich auf Ämter und Leiter. Lehrer, Hirten und Evangelisten bilden sich von selbst heraus und werden anerkannt.

Bei Jakobus und Petrus, die den jüdischen Gemeinden vorstanden, folgten die Schafe dem Hirten. Deshalb ermahnte Petrus die Ältesten: „Hütet die Herde Gottes, die bei euch ist" (1.Petr.5,1-4).

Nachdem Joseph einige seiner Brüder dem Pharao vorgestellt hatte, bringt er seinen Vater Jakob und stellt ihn dem Pharao vor. Genau heißt es, „er stellt ihn vor den Pharao". Hier steht nun Jakob in seiner ganzen Würde als Vater des Joseph, des Herrschers über Ägypten. „Und Jakob segnete den Pharao". Wer war nun größer, der Pharao oder Jakob? „Ohne allen Widerspruch aber wird das Geringere von dem Besseren gesegnet (Hebr.7,7). Der Pharao hatte im Anfang der Berufung Josephs gesagt, „nur um den Thron will ich größer sein als du" (Kap.41,40). Doch hier steht jetzt einer vor ihm, den wir mit dem Vater im Himmel vergleichen können. Hier ist alles in Harmonie, Vater und Sohn vereint, die Brüder mit dem Bruder, und Gott alles und in allen. Jesus bezieht uns in das Einssein mit dem Vater mit ein, „auf daß auch sie in uns eins seien" (Joh.17,21). „Und Joseph versorgte seinen Vater und seine Brüder und das ganze Haus seines Vaters mit Brot, nach der Zahl der Kinder". Josephs ist selbst Vater, weil er Kinder hat und für sie sorgt. Gleichwie Joseph wie ein Vater die Seinen versorgt, ist Jesus auch unser Vater geworden, „siehe, ich und die Kinder, die Gott mir gegeben hat" (Hebr.2,13). Daher ist auch die Taufe „auf den Namen des Vaters und des Sohnes und des Heiligen Geistes" Matth.28,19) ebenso richtig auf den Namen Jesus, denn es ist e i n Name. Die Apostel tauften auf den Namen des Herrn Jesu (Apg.2,38; 19,5). Darum ist auch der Name des Lammes und seines Vaters an den Stirnen der 144000 e i n Name, der Name Jesu (Offb.14,1).

KEIN BROT IM LANDE

Die Seinen hat Joseph in Gosen versorgt. Sie wohnen im „Besten des Landes" und bekommen das Brot umsonst. Die Ägypter aber müssen alles kaufen, bis sie schließlich alles verkaufen und sich selbst verkaufen müssen. Der Unterschied liegt in der Beziehung zu Joseph: Die einen sind sein Geschlecht und gehören zum Hause Israel, die anderen sind „Nationen". Paradoxerweise bekennen Letztere, Beziehungen zu Jesus zu haben, leugnen aber zu Israel, dessen Wurzel und Geschlecht Er ist, zu gehören. Mit dieser Problematik setzt sich die Offenbarung auseinander.

Die Hungersnot ist noch nicht vorbei, sie wird sogar mit jedem Jahr schlimmer. „Und es war kein Brot im ganzen Lande, denn die Hungersnot war sehr schwer; und das Land Ägypten und das Land Kanaan verschmachteten vor Hunger". Gott hatte die Hungersnot nicht allein der Brüder wegen kommen lassen, Er wollte alle Welt mit Joseph in Verbindung bringen und von ihm abhängig machen. Wie die Ägypter sind heute auch die Nationen im „christlichen Abendland" moralisch jeder Münze bar, sie müssen sich verkaufen, um am Leben zu bleiben. „Gib uns Brot! Warum sollen wir denn vor dir sterben? Denn das Geld ist zu Ende". Viele Menschen sind durch ihren Lebenshunger moralisch bankrott, seelisch verzweifelt, wissen nicht mehr wie es weitergeht und hegen Gedanken, sich das Leben zu nehmen; eine erschreckend hohe Zahl tut es sogar. Warum suchen sie nicht Gott? Jesus wartet wie Joseph nur darauf, dass sie zu Ihm kommen. Paulus hätte mit seinem Evangelium kaum Erfolg gehabt, wenn die Menschen im römischen Reich nicht sittlich und moralische so heruntergekommen gewesen wären. Gott hatte sie „dahingegeben in einen verworfenen Sinn, zu tun was sich nicht geziemt...", woran sie nicht allein selbst kaputt gingen, sondern auch andere in Mitleidenschaft zogen (Röm.1.18-32). Doch dann und deshalb erschien „die Güte und die Menschenliebe unseres Heiland-Gottes und errettete uns" (Tit.3,3-7). Die Korinther erinnert der Apostel, welche schlechten Menschen einige von ihnen waren: Hurer, Götzendiener, Ehebrecher, Wollüstlinge, Knabenschänder, Diebe, Habsüchtige, Trunkenbolde, Schmäher, Räuber; „aber ihr seid abgewaschen, aber ihr seid geheiligt, ihr seid gerechtfertigt worden in dem Namen des Herrn Jesus und durch den Geist unseres Gottes" (1.Kor.6,9-11). Ohne das Brot des Lebens müssen die Menschen elendig sterben und gehen für ewig verloren. Aber Gott vermag aus so tief gefallenen Menschen wie die Römer neue Menschen zu machen. Er verlangt nichts anderes, als Ihm ihre Sünden zu bekennen und an das Blut Jesu zu glauben. Denn das Evangelium ist „eine Kraft Gottes zum Heil jedem Glaubenden, sowohl dem Juden zuerst als auch dem Griechen" (Röm.1,16). Zuerst Israel, anfangend in Jerusalem, danach die Heidenmission.

In unseren Tagen, den letzten, haben wir einen ähnlichen Zustand der Gesellschaft wie am Anfang; der Abfall hat wieder den gleichen verdorbenen und bösen Charakter der Menschen hervorgebracht. Bestürzend ist, dass dies jetzt unter christlichem Deckmantel, in „einer Form der Gottseligkeit", geschieht (2.Tim.3,1-5). Darum muss Er ihnen ihre Verlorenheit auf andere Weise zum Bewusstsein bringen. Von Johannes erfahren wir in der Offenbarung, dass der Abgrund geöffnet ist und eine unheimliche Verführungsmacht heraufsteigt; den Menschen werden ihre eigenen Sünden zur Qual (Offb.9). Dann das schreckliche Tier aus dem Meer, dass die Menschen anbeten und zugleich von ihm unterjocht werden zu ihrem Verderben (Offb.13). Wir müssen begreifen, dass das ein

Gericht Gottes ist, um die Menschen in die Arme Jesu zu treiben. Dieses Gericht wird auch zu einer Existenzfrage für die Kirche und der Christenheit insgesamt, wenn nicht der ganzen Menschheit, wenn keine Buße erfolgt. Der Wohlstand kann den Hunger und Durst der Seele nicht ausgleichen. „Denn der Mensch lebt nicht von Brot allein, sondern von jedem Worte, das aus dem Mund Gottes hervorgeht" (5.Mo 8,3).

Dann schreien die Ägypter, „gibt uns Brot, daß wir nicht sterben". Hoffentlich hört man das auch bald von vielen verführten Namenschristen. Joseph verlangte, dass sie ihr Vieh restlos abgeben, wenn sie Brot haben wollen. Nichts weniger verlangt Jesus. Eine Entscheidung für Jesus genügt nicht, man muss sein Sündenleben aufgeben, von seinen Süchten und Abhängigkeiten frei werden, auch von der Welt- und Geldliebe lassen, die unkeuche Mode der Welt nicht mehr mitmachen etc. Erst dann ist man wieder ein normaler Christ, und auch das nicht, wenn die Liebe fehlt (1.Kor.13). Viele, die sich für Jesus entschieden haben, sind wie die Korinther, fleischlich, seelisch, oder noch unter Gesetz wie die Galater. Dem entsprechend ist ihr Verständnis vom Worte Gottes.

„Also nun jeder von euch, der nicht allem entsagt, was er hat, kann nicht mein Jünger sein" (Luk.14,25-35). Wer es anders versucht, wird die Erfahrung machen, das gehörte oder gelesene Wort hält nicht lange vor, die Predigt am Sonntag reicht nur für eine Stunde oder einen Tag. Bald haben einen die Sorgen des Alltags wieder eingeholt, die natürlichen Bedürfnisse und die Umstände beschäftigen uns übermäßig, so dass wir keinen Frieden haben.

„Als selbiges Jahr zu Ende war, da kamen sie im zweiten Jahr zu Joseph und sprachen zu ihm: Wir wollen es meinem Herrn nicht verhehlen, daß, da das Geld ausgegangen ist und der Besitz unseres Viehs an meinen Herrn gekommen ist, nichts mehr übrigbleibt vor meinem Herrn, als nur unser Leib und unser Land...". Reicht es denn nicht, allem zu entsagen? Bezeichnend ist, dass Joseph jetzt kein Geld verlangt und keine Forderung mehr stellt, damit er ihnen Brot geben kann. Aber umsonst kann er es auch nicht. Dann müsste man schon eine Beziehung zu ihm haben wie die Brüder, müsste mit ihm verwandt sein, sein Kind sein. Die Bittsteller müssen sich selbst aufgeben, und genau das müssen jetzt die Ägypter, um am Leben zu bleiben: „Kaufe uns und unser Land um Brot, so wollen w i r und unser Land des Pharaos Knechte sein". Sie geben sich selbst auf, liefern sich Joseph und dem Pharao ganz aus, sie werden sozusagen Sklaven, Leibeigene, für die ihr Herr fernerhin sorgt.

Dem Pharao unter Joseph gehören ist wie Gott als Vater mit dem Sohn. Jesus stillt alle Not, wir brauchen nicht mehr um Brot betteln, Er sorgt für alle Dinge. Man muss, um ein Jünger Jesu zu werden, nicht nur alles aufgeben, sondern auch sich selbst aufgeben, dem HErrn ganz ausliefern. Doch dazu kann man niemand zwingen, es muss aus dem Herzen kommen. Aber wie soll das geschehen? Die Antwort finden wir im Evangelium: Jesus hat sich in Seiner Liebe für uns hingegeben, Er hat den Preis bezahlt, als er uns erkaufte mit Seinem teuren Blut. So sind wir nun gerne Knechte (Sklaven) Gottes und des Herrn Jesus Christus geworden, und das ist ein sel'ger Stand. „Am Ende ist's doch gar nicht schwer, ein sel'ger Mensch zu sein: man gibt sich ganz dem HErren hin und hängt an ihm allein" (GL 384). Wenn wir Ihm ganz gehören, hat die Seele keine Not mehr, Gott sorgt für alle Dinge. Wir leben täglich von der Güte Gottes und nähren uns von dem Worte Gottes. „Denn sei es, dass wir leben, wir leben dem Herrn; sei es, daß wir sterben, wir sterben dem Herrn ... wir sind des Herrn" (Röm.14,8).

„Und Joseph kaufte das ganze Land Ägypten für den Pharao. Und so ward das Land dem Pharao. Und das Volk, das versetzte er in die verschiedenen Städte, von einem Ende der Grenze Ägyptens bis zu ihrem zum anderen Ende". Auf diese Weise wurde die Welt missioniert und entstanden überall Gemeinden. Das „Land" aber sind nicht irdische Grundstücke, sondern Herzen, in denen der gute Same des Wortes Gottes aufging. Das kann auch heute geschehen.

Eine Ausnahme bildete der Priesterstand: „das Land der Priester kaufte er nicht, denn die Priester hatten ein Bestimmtes von dem Pharao, und sie aßen ihr Bestimmtes, das der Pharao ihnen gab; deshalb verkauften sie ihr Land nicht". Sind wir nicht auch Priester geworden? Hier sind es im Besonderen solche, die im Dienste und Werke des Herrn stehen und für die der HErr die Versorgung übernommen hat, auch die materielle (1.Kor.9). „Was immer ihr tut, im Wort oder im Werk, alles tut im Namen des Herrn Jesus, danksagend Gott, dem Vater, durch ihn" (Kol.3,17).

Sehr schön ist noch der Schluss. Die Knechte sind doch eigentlich Freie, nicht zu Sklavenarbeit gezwungen, sondern dürfen auf dem Land für sich säen und ernten. Offenbar sind die Jahre der Hungersnot vorbei. „Joseph sprach zu dem Volke: Siehe, ich habe euch und euer Land heute für den Pharao gekauft; siehe, da ist Samen für euch und besäet das Land". Von dem Ertrage sollen sie den Fünften dem Pharao geben, und die vier Teile sollen für euch sein zur Saat des Feldes und zur Speise für euch und für die, welche in euren Häusern sind, und zur Speise für eure Kinder". Den „Fünften" hatte Joseph in den Jahren des Überflusses aufgehäuft, eine schier unerschöpfliche Menge. Den „Fünften" soll nun der Pharao bekommen, sozusagen als Dankeschön, dass er Joseph als Retter berufen hat, denn „du hast uns am Leben erhalten", sagen sie Joseph. Der Same ist das Wort vom Reich, das ganze Neue Testament ist das Evangelium des Reiches. Seit die Evangelien geschrieben und die Briefe in den Kanon eingefügt sind, zum Schluss noch die Offenbarung, ist das Wort Gottes vollendet und steht uns nun zur Saat und Speise bereit. Die schönen Geschichten, besonders diese von Joseph, sind für die Kinder. Der Ertrag ist für uns, wir schöpfen aus der Fülle des Wortes im Neuen des Geistes.

Aber nie dürfen wir vergessen, der Fünfte gehört Gott, das heißt alles zur Ehre Gottes. Das Land der Priester ist die Mission, ein weltweites Feld, wo das Evangelium ausgestreut wird.

Ägypten unter Joseph ist die erste Gestalt von Reich Gottes mit dem Vater und dem Sohn, mit Israel und berufenen Nationen. Ein erster Hinweis auf die „Verwaltung der Fülle der Zeiten, alles unter ein Haupt zusammenzubringen in dem Christus" (Eph.1,10).

JAKOBS SEGEN

Die Jahre der Hungersnot waren vorüber, „und Israel wohnte im Lande Ägypten, im Lande Gosen; und sie machten sich darin ansässig, und waren fruchtbar und mehrten sich sehr." Siebzehn Jahre schon lebte Jakob im Lande Ägypten, inzwischen war er hundertsiebenundvierzig Jahre alt. Die Zeit seines Abscheidens nahte. Die Geschichte Josephs war eigentlich die Geschichte Jakobs, sie wurde von ihr bestimmt, die Liebe zu Joseph, sein mysteriöses Verschwinden, unter dem er so schwer gelitten hatte, und jetzt die Erquickungszeit, seine Herrlichkeit zu sehen (37,2). Noch einen Wunsch sollte Joseph ihm erfüllen: „Begrabe mich doch nicht in Ägypten! Wenn ich bei meinen Vätern liegen werde, so führe mich aus Ägypten und begrabe mich in ihrem Begräbnis". Die Ära der Patriarchen ging mit Jakob zu Ende. Sie hätten Zeit gehabt, wieder nach Kanaan zurückzukehren, „nun aber trachten sie nach einem besseren (Vaterland), das ist himmlischen" (Hebr.11,13-16). Der sterbliche Leib kehrt zur Erde zurück, von der er genommen, aber ihre Hoffnung ging über das Grab hinaus, sie glaubten an die Auferstehung.

Geradeso, wie Jakobs Leben von Joseph bestimmt wurde, ist die Geschichte der Apostel von Jesus erfüllt worden, von Seinem Leben, Seinen Leiden und von Seiner Herrlichkeit zur Rechten Gottes. Auch die Apostelzeit ging zu Ende mit einer reichen Ernte, sie starben oder wurden getötet, aber das Zeugnis Jesu ging weiter und wurde zum Segen vieler Völker. Nach den Aposteln kamen die apostolischen Väter, danach die Kirchenväter und so weiter. Die

Grundlage aber hatte die Lehre der Apostel gelegt, andere haben darauf gebaut.

Als man dem Joseph sagte: „Siehe, dein Vater ist krank", nahm er seine beiden Söhne, Manasse und Ephraim, mit sich. Als Jakob dies berichtet wurde, machte „Israel sich stark und setzte sich aufs Bett. Und Jakob sprach zu Joseph: Gott, der Allmächtige, erschien mir zu Lus im Lande Kanaan, und er segnet mich und sprach zu mir: Siehe, ich will dich fruchtbar machen und dich mehren und dich zu einem Haufen Völker machen, und ich will dieses Land deinem Samen nach dir zu ewigem Besitztum geben. Und nun, deine beiden Söhne, welche dir im Lande Ägypten geboren sind, ehe ich zu dir nach Ägypten kam, sollen mein sein; Ephraim und Manasse sollen mein sein wie Ruben und Simeon".

Dies ist eine heilige Begegnung, wo wir einen Moment innehalten müssen. Wir hatten bei der Geburt der beiden Söhne Josephs bereits erkannt, dass Asnath in Verbindung mit Joseph ein erster Hinweis auf die Gemeinde der Nationen ist. Nun aber werden wir Zeuge, dass Manasse und Ephraim Israel gehören sollen wie die übrigen Söhne Jakobs. Das zeigt sonnenklar, dass die Gemeinde der Apostel die Gemeinde Israel ist, und die Hinzugekommenen aus den Nationen ebenfalls Israel geworden sind, wie es ja das Bild vom Ölbaum so eindrücklich zeigt (Röm.11,16-19). Die weiteren Söhne, die Joseph zeugen wird, sollen ihm gehören, auch „sie sollen nach dem Namen ihrer Brüder genannt werden in ihrem Erbteil". Diese alle waren später, als aus sie Ägypten auszogen, ein Volk, die Kinder Israel. Die Kirche ist also nicht die Fortsetzung von Israel, sie ist Israel, nunmehr Israel im verheißenen neuen Bund.

Das kann man noch sehen, wenn man wie Jakob vor Alter schwer sehen kann, „er konnte die beiden Söhne Josephs nicht sehen". Aber er konnte sie fühlen, „er küßte sie und umarmte sie". Was Jakob nicht gedacht hatte, Josephs Angesicht wiederzusehen, „siehe Gott hat mich sogar deinen Samen sehen lassen!" Diesen möchte uns Gott auch in der Offenbarung Jesu Christi sehen lassen: Manasse und Joseph sind unter den Versiegelten, Ephraim in der großen unzählbaren Volksmenge (Offb.7). Das hat mit der Segnung über Kreuz zu tun.

„Und Israel streckte seine Hand aus und legte sie auf das Haupt Ephraims – er war aber der Jüngere – und seine Linke auf das Haupt Manasses; er legte seine Hände absichtlich also, denn Manasse war der Erstgeborene". Warum nun kreuzte Jakob seine Hände? Dies nimmt einen ziemlich breiten Raum ein in dieser Handlung, fast spektakulär, weil Joseph das nicht gefällt, aber Jakob darauf besteht, seine Rechte auf das Haupt Ephraims zu legen und ihm den Vorzug vor Manasse zu geben. War es nicht bei der Segnung Jakobs durch Isaak ebenso? Dort von Isaak unbewusst, aber nach der Vorsehung Gottes. Hier aber von Jakob ganz bewusst vorgenommen, offenbar in Kenntnis der Gedanken Gottes: „der Ältere wird dem Jüngeren dienen" (25,23). Jakob beanspruchte sie als seine Söhne wie Ruben und Simeon, wobei er beim Segnen Ephraim vor Manasse setzte. Der Stamm Ephraim sollte größer werden, in Hosea steht er für Israel in Samaria (10 Stämme). Menschliche Gedanken und göttliche Wahl unterscheiden sich wesentlich. Joseph dachte menschlich, ebenso dachte auch Samuel bei der Wahl der Söhne Isais menschlich, als er den Erstgeborenen salben wollte: "Blicke nicht auf sein Aussehen und auf die Höhe seines Wuchses, denn ich habe ihn verworfen; denn der Herr sieht nicht auf das, worauf der Mensch sieht; denn der Mensch sieht auf das Äußere, aber der Herr sieht auf das Herz" (1.Sam.16).

Jakob gibt an die beiden Söhne Josephs das weiter, was er selbst mit Gott erlebt hat. „Der Gott, vor dessen Angesicht meine Väter, Abraham und Isaak, gewandelt haben, der Gott, der mich geweidet hat, seitdem ich bin bis auf diesen Tag, der Engel, der mich erlöst hat von allem Übel, segne die Knaben; und in ihnen werde mein Name genannt und der Name meiner Väter, Abraham und Isaak, und sie sollen sich mehre zu einer Menge inmitten des Landes!" (48,15.16).

Vergleichen wir dies einmal mit dem Neuen Testament. Die Juden verglichen mit Esau und Manasse genießen keinen Vorzug; im Vorteil sind sie schon, weil sie die Schriften haben und die Beschneidung. „Denn zuerst sind ihnen die Aussprüche Gottes anvertraut worden". Mit diesem Erbe versuchen sie etwas vorzuschützen, aber sie sind wie die Griechen alle unter der Sünde, wie Paulus ihnen aus der Schrift selbst nachweist (Röm.3,1-20). Der Apostel erlebt ihren Dünkel fast in jeder Synagoge. Sobald die Volksmengen kommen, fühlen sich die Juden mit ihnen gleichgesetzt und damit zurückgesetzt und werden eifersüchtig (Apg.13,45). Durch ihren Fall aber ist den Nationen das Heil geworden, ihre Einbuße wurde der Reichtum der Nationen (Röm.11,11-15). Wir sehen hier genau das gleiche Größenverhältnis wie zwischen Manasse und Ephraim, und das wird auch in der Offenbarung wieder so sein zwischen den 144000 Versiegelten und der großen Volksmenge (Offb.7).

JAKOBS SEGNUNG ALLER SÖHNE

„Und Jakob rief seine Söhne und sprach: Versammelt euch, und ich will euch verkünden, was euch begegnen wird in künftigen Tagen. Kommet zusammen und höret, ihr Söhne Jakobs, und höret auf Israel, euren Vater!" (Kap.49)

Ruben, „mein Erstgeborener bist du, meine Kraft und der Erstling meiner Stärke". Bei ihm liegen schwere sittliche Verfehlungen vor, die einen Ausschluss aus der Gemeinschaft rechtfertigen (vgl.1.Kor.5). Gewisse Brüderkreise meinen, auf Grund ihrer Schriftkenntnis und -erkenntnis oder Geistesfülle besonders gesegnet zu sein, aber sie bleiben unfruchtbar, weil unbekannte Hurerei vorliegt. „Vorzug an Hoheit und Vorzug an Macht! Überwallend wie die Wasser sollst du keinen Vorzug haben", sagt Jakob über seinen erstgeborenen Sohn.

Simeon und Levi ermordeten meuchlings die Sichemer, sahen aber nicht ihre eigenen Verfehlungen. Dina war in der Sache auch nicht unschuldig, ebenso die Brüder, die sie nicht hätten alleine ausgehen lassen sollen. Ihr gnadenloses Vorgehen bringt ihnen keinen Segen ein. „Verflucht sei ihr Zorn, denn er war gewalttätig, und ihr Grimm, denn er war grausam". Sie sind die Ursache für die Zerstreuung der Kinder Gottes und treiben als Einzelne weiter ihr gnadenloses Richten. Sich auf Jakob berufen oder im Namen Jesu versammelt zu sein wäre Hohn. Wer Jesum liebt, erduldet lieber Gewalt, als sie auszuüben.

Juda hingegen gibt Jakob einen verheißungsvollen Segen weit über ihn hinaus bis auf „Schilo", den Ruhebringer, welcher Chris-

tus ist; Er war sanftmütig und von Herzen demütig (Matth.11,28).
Vor ihm beugen sich selbst die Feinde, ja gehen vor ihm in die
Knie, weil seine Großtat als Bürge für seinen Bruder und somit für
alle beispielhaft ist. Juda war mutig wie ein Löwe und wurde vor
Joseph wie ein Lamm. Darum ist auch Jesus aus dem Stamme Juda
entsprossen. „Es hat überwunden der Löwe, der aus dem Stamme
Juda ist" (Offb.5, 5).

Sebulon liebte eher, am Gestade der Meere zu wohnen und die
großen Schiffe zu beobachten, als selbst in der Mission tätig zu
werden. Mit Spenden kann man sich auch beruhigen.

Issaschar ist „ein knochiger Esel, der sich lagert zwischen den
Hürden"; er liebt die Ruhe. Es gibt eine Sekte, die sich als neues Israel bekennt und jedem seine Stammeszugehörigkeit zuweist.
Einer von ihnen kam in die Versammlung, er sei aus dem Stamm
Issaschar, was in diesem Falle tatsächlich zutraf, denn er war so
uneinsichtig wie ein knochiger Esel. Auch ohne diese Sekte trifft
man oft solche Esel, „er beugt seine Schulter zum Lasttragen und
wird zum fronpflichtigen Knecht". Sie lassen sich alles aufladen,
machen jede Arbeit und werden nur ausgenutzt, ohne sich dagegen
zu wehren. Beschweren tun sie sich schon bei anderen.

„*Dan* wird sein Volk richten, wie einer der Stämme Israels",
nur mit dem Unterschied, dass er es leider nicht offen tut, sondern
hinterlistig, „wie eine Schlange am Wege…". Der ahnungslose Reiter fällt plötzlich rücklings vom Pferd, eine Hornotter wie Dan hat
dem Ross in die Fersen gebissen. Im Neuen Testament wird das
„üble Nachrede" genannt. Wenn der Betreffende davon erfährt, ist
er schockiert und möglicherweise misstraut er jetzt jedem – eine
schlimme Art, Gemeinschaft zu zerstören.

Es gibt so unterschiedliche Typen und Charaktere, gute und
schlechte, echte und falsche Leute, in der Familie Gottes wie eben
die Söhne Israels. Darüber entweicht Jakob aus tiefstem Herzen
ein Seufzer: *„Auf deine Rettung harre ich, Herr! "*

Wenig anders ist *Gad*, „Scharen werden ihn drängen, und er, er wird ihnen nachdrängen auf der Ferse". Das heißt, er lässt sich nichts gefallen und forscht nach der Quelle der Verleumdungen über ihn. Ein Diener Gottes hält böse Gerüchte aus, Paulus hat sie unbeantwortet gelassen, da sie sich obendrein von selbst erledigen, wenn man sie ignoriert (2.Kor.6,4-10). Jünger Jesu halten es wie der Meister, er antwortete auf die Beschuldigungen nicht *ein* Wort.

Von *Aser* „kommt Fettes, sein Brot; und er, königliche Leckerbissen wird er geben". O, das ist eine gute geistliche Wortdarbietung, die der Seele wohltut. Das braucht die Gemeinde, besonders hungrige Seelen. Aber er ist auch von der Art, freigebig, mitteilsam und spendenfreudig zu sein. Ein echter Sohn Israels.

Auch *Naphtali* ist ein ermunternder Bruder, immer freundlich und optimistisch; „er, der schöne Worte gibt".

Joseph „ist Sohn eines Fruchtbaumes", sogar zweimal betont, sicher als Prädikat gemeint, weil er am Quell ist, „treiben die Schößlinge über die Mauer". Am Wort bleiben, an Christus bleiben macht stark und unanfechtbar. Solche Brüder sind gerade deshalb wie Joseph Zielscheibe der neidischer Brüder gewesen, aber er antwortete auf ihren Hass mit Sanftmut „durch die Hände des Mächtigen Jakobs. Es ist der Geist Christi, der in Joseph war.

David war von derselben Art, er lehrte Israel das Lied von dem Bogen der Sanftmut (2.Sam.1,17-27). Darauf ruht Gottes Segen, „Segnungen des Himmels droben, mit Segnungen der Tiefe, die unten liegt, mit Segnungen der Brüste und des Mutterleibes...". Joseph war wie Jesus ein Abgesonderter unter seinen Brüdern, ein Nasiräer (4.Mo.6).

Zuletzt noch *Benjamin*, „ein Wolf, der zerreißt; am Morgen verzehrt er Raub, und am Abend verteilt er Beute". Was soll man von ihm halten? Jedenfalls denkt er nicht nur an sich, er teilt mit, letztlich eine gute Bruderart, obwohl es zuerst nicht so scheint. Hoffentlich ist seine Beute nicht nur für seine Artgenossen, die mit ihm heulen.

„Alle diese sind die zwölf Stämme Israels, und das ist es, was ihr Vater zu ihnen redete und womit er sie segnete; einem jeden nach seinem Segen segnete er sie". Jakob redete nicht über sie, sondern zu ihnen, so dass ein jeder auch seine Natur überdenken konnte, um verkehrtes Wesen abzulegen.

ABSCHEIDEN UND BEGRÄBNIS ISRAELS

„Und Jakob gebot ihnen und sprach zu ihnen: Bin ich versammelt zu meinem Volke, so begrabet mich zu meinen Vätern in der Höhle, die in dem Feld Ephrons, des Hethiters, ist, in der Höhle, die in dem Felde Machpela vor Mamre ist, im Lande Kanaan, welcher Abraham samt dem Feld von Ephron, dem Hethiter, zum Erbbegräbnis gekauft hat...". Seine letzte Anordnung hat unbedingt Heilsbedeutung. Jakob hätte auch in Ägypten begraben werden können, Joseph hätte ihm ein Ehrengrab, ein Mausoleum bauen können zum Gedenken an seinen geliebten Vater Israel, nach dessen Name ein ganzes Volk benannt wurde: Das Volk Israel. Es wäre für die Ägypter ein sehenswertes Ehrenmal gewesen, das Touristen aus aller Welt angezogen hätte. Jakob wollte sich kein Denkmal setzen noch Anlass für einen Kult geben. Heute reisen viele nach Israel, um denkwürdige biblische Stätten zu besichtigen. Aber das Grab der Partriarchen, die Höhle, existiert nicht mehr. Man weiß nach alter Überlieferung nur noch den ungefähren Ort, der in Jordanien liegt. „Dort haben sie Abraham begraben und sein Weib Sara; dort haben sie Isaak begraben und sein Weib Rebekka; und dort habe ich Lea begraben; das Feld und die Höhle, die darin ist, sind erkauft von den Kindern Heth".

„Gekauft" und „erkauft" erinnern uns an den Preis, den Jesus bezahlt hat für den erworbenen Besitz. „Er verkaufte alles, was er hatte, und kaufte jenen Acker", um den Schatz, den er darin fand, zu besitzen (Matth.13,44). Für Ihn bedeutete es wie Jakob Tod und Grab, Jakob den natürlichen Tod, Jesus den schmachvollen

Kreuzestod, den Er um der vor Ihm liegenden Freude willen erduldete. Jakob glaubte an die Auferstehung, Jesus ist auferstanden. Es lassen sich so viele Parallelen ziehen zwischen den Vätern Israels und dem eingeborenen Sohn vom Vater, der „ehe Abraham ward".

„Und als Jakob geendet hatte, seinen Söhnen Befehl zu geben, zog er seine Füße aufs Bett herauf und verschied". Altisrael ist nicht mehr. „Joseph fiel auf das Angesicht seines Vaters und weinte über ihm und küßte ihn". Die letzten Gottesfürchtigen wie Simeon und die Prophetin Anna durften noch das Heil in dem Kindlein Jesu sehen und sind bald darauf gestorben. „Diese alle haben die Verheißung nicht empfangen, da Gott für uns etwas Besseres vorgesehen hat" (Hebr.11,40).

Der verwesliche Leib Jakobs wurde auf Anordnung Josephs von den ägyptischen Ärzten einbalsamiert. An sich war die Einbalsamierung ein heidnischer Brauch, denn die Väter Abraham und Isaak wurden nicht einbalsamiert, sondern begraben. Bei Jakob und später Joseph diente sie dazu, den Leib zu erhalten bis zum endgültigen Begräbnis in Kanaan. Sonst finden wir in der Schrift kein Beispiel von Einbalsamieren, der Leib verweste schnell, bei Lazarus schon nach vier Tagen der Verwesungsgeruch. Weil Jesus die Auferstehung und das Leben ist, kann der Leib begraben werden; bei seiner Wiederkunft werden die entschlafenen Heiligen auferweckt und unverweslich einen Herrlichkeitsleib bekommen (1.Kor.15,42-50; 1.Thess.4,13 – 5,2).

Das Gedächtnis Israels sollte keineswegs vergessen werden, wir haben es in den Schriften des Alten Testaments. Es braucht daher niemand nach Israel zu reisen, um alte Stätten und Mauern zu besichtigen oder am See Genezareth sich die Predigt Jesu vor der Menge vorzustellen. Alles Ein-Bildung ohne Sinn, das Bild erschlägt das Wort (Wolfgang Zöller). Das Wortbild der Evangelien ist viel kräftiger, lebendiger und heilsamer.

Das letzte Kapitel der Geschichte Jakobs und Josephs ist gekennzeichnet durch sehr starke Gemütsbewegungen in Trauer und Beweinen auch seitens der Ägypter. „Joseph fiel auf das Angesicht seines Vaters und weinte über ihm und küßte ihn". Im Lichte der Offenbarung ist das Abscheiden Jakobs zugleich ein Hinweis, wie die Gemeinden am Ende unserer Haushaltung enden werden. Historisch sind die einst so blühenden Gemeinden in Kleinasien längst begraben, als der Islam sie beseitigte. Der ganze Mittelmeerraum war christlich und wurde islamisch. Darüber könnte man weinen wie Joseph. Einbalsamieren konnte man den Leib Christi nicht, höchstens in Büchern von Offenbarungsauslegern. Ein ähnliches Schicksal wird den heutigen Kirchen und Gemeinden beschieden sein, sei es wegen Überalterung oder durch das Tier (Offb.17,15-18), was angesichts des Glaubensverfalls jetzt schon bei gläubigen Seelen große Traurigkeit auslöst.

„Die Ägypter beweinten ihn siebzig Tage", was den Schluss zulässt, dass sie den alten Jakob sehr verehrten, seiner Weisheit und Würde wegen. „Alles hat seine Zeit, Geborenwerden hat seine Zeit, und Sterben hat seine Zeit" (Pred.3,2)), alles ist der Vergänglichkeit unterworfen. Nur der Eine bleibt und lebt ewiglich, Jesus. Erweckung muss in jeder Generation neu geschehen. Noch mehr zu betrauern ist, dass es keine würdigen Diener Gottes mehr gibt, sie alle sind an dem Zeitgeist krank geworden und gestorben. Wo sind die Glaubensmänner, die Männer des Geistes und der Kraft? Wer hat noch die Vollmacht und die Freimütigkeit wie Jakob, den Segen weiterzugeben?

Auch bei Joseph sehen wir eine Veränderung, er handelt sehr menschlich verständlich. Er bittet das Haus des Pharao, ihm zu übermitteln, ob er gestatte, seinen Vater in Kanaan zu begraben und zurückkomme, „wenn ich denn Gnade gefunden haben in euren Augen". Am liebsten würde er wieder in das Land seiner

Väter, nach Kanaan zurückkehren. Seine Aufgabe in Ägypten war erledigt, die Notzeit war vorüber. Für den Pharao war jedoch wichtig, dass Joseph weiter die Regierungsgeschäfte führte, er konnte nicht mehr auf seine gute Führung verzichten. „Weiter so", hätte hier seine volle Berechtigung. Solange Joseph lebte war die Versorgung und Ordnung im Lande gesichert. Welch eine wunderbare Herrschaft. Sie lässt nur einen besseren Vergleich zu: dem Herr der Herren und König der Könige, wie er in der Offenbarung Jesu Christi erscheint.

Was Joseph seinem Vater geschworen hat, ist auch im Sinne des Pharao: „Ziehe hinauf und begrabe deinen Vater, so wie er dich hat schwören lassen". Nächst seinem Haus und seinen Brüdern. „zogen mit ihm hinauf alle Knechte des Pharao, die Ältesten seines Hauses, und alle Ältesten des Landes Ägypten". Sie alle bekunden ihm ihre aufrichtige Teilnahme. „Auch zogen sowohl Wagen als Reiter mit ihm hinaus, und der Zug war sehr groß".

Hier müssen wir erst einmal Halt machen: „Sie kamen bis zur Tenne Atad, die jenseit des Jordan liegt, und sie hielten daselbst eine sehr große und schwere Klage; und Joseph stellte um seinen Vater eine Trauer von sieben Tagen an". Und nun folgt ein großer Aufsehen erregender Akt, das Begräbnis Jakobs. Es ist das Begräbnis des alten Israel nach dem Fleische, das mit dem Tode Christi aufgehört hat zu existieren, jedenfalls für Gott als Volk Gottes. „Daher kennen wir von nun an niemand nach dem Fleische; wenn wir aber auch Christum nach dem Fleische gekannt haben, so kennen wir ihn doch jetzt nicht mehr also" (2.Kor.5,16). Mit dieser Feststellung verliert das irdische Israel seine Bedeutung, ebenso die Geburtskirche in Bethlehem und die Grabeskirche in Jerusalem.

Ich weiß nicht, worüber man mehr klagen sollte, über die völlige Verkennung des wahren Israel, hier des Patriarchen, dem die letzte Ehre erwiesen wird, oder über die Annahme der Kanaaniter, als sei es eine schwere Trauer der Ägypter. Beides rechtfertigt eine Trauer von „sieben Tagen".

Schließlich begruben ihn seine Söhne. Nochmal wird die genaue Ortsbezeichnung mit Käufer und Verkäufer wiederholt, „in der Höhle des Feldes Machpela, die Abraham samt dem Feld zum Erbbegräbnis gekauft hatte von Ephron, dem Hethiter, vor Mamre". Danach kehrte Joseph wieder nach Ägypten zurück, „er und seine Brüder und alle, die mit ihm hinaufgezogen waren, um seinen Vater zu begraben, nachdem er seinen Vater begraben hatte".

Den alten Jakob nach dem Fleische als Stammvater der Juden und Samariter, bzw. das alte Israel sollte man nicht wieder ausgraben. Es wäre nur „ein Geruch vom Tode zum Tode" (2.Kor.2,16). Jesu Worte sind eindeutig und gelten sowohl dem Juden zuerst als auch dem Griechen: „Wer da glaubt und getauft wird, wird errettet werden; wer aber nicht glaubt, wird verdammt werden" (Mark.16,16). Oder misst Gott heute mit zweierlei Maß?

NACHRUF

In einem Nachruf würdigt man den Verstorbenen. Handelt es sich um einen Gläubigen, gedenkt man an seinen Glauben, seinen Wandel, seine Liebe, sein Ausharren, seine Leiden um Christi willen, wo er in solchen war. So etwa würde Timotheus über seinen geistlichen Vater Paulus reden oder schreiben (2.Tim.3,10.11). Hätte man Esau über seinen Bruder befragt, würde er wahrscheinlich kein gutes Haar an ihm gelassen oder ihn als Schwachen bezeichnet haben.

Wir fragen, warum ist nicht Esau zur Bestattung seines Zwillingsbruders erschienen? Hat er zu spät davon erfahren, war er verhindert oder lebte er nicht mehr? Wir wollen über ihr Verhältnis noch einmal reflektieren und es im Lichte des neuen Testaments betrachten. Vielleicht ist er deswegen nicht zur Beerdigung gekommen. Bruder Jakob war ziemlich listig, er suchte immer seinen Vorteil, hinterging mich, täuschte unseren Vater, bei Laban erntete er was er gesät hatte, wurde von der Angst verfolgt. Und immer noch war er so fanatisch darauf besessen, gesegnet zu werden, dass er sich dabei verrenkte. Ich hab' es gesehen, er hat mir leidgetan, der hinkende Jakob. Man muss es mit dem Frommsein nicht übertreiben. Ich habe auch ohne besondere Verheißung Erfolg im Leben gehabt, würde Esau sich gebrüstet haben.

Ähnlich bewerten christliche Prediger und Ausleger das Leben Jakobs. Sollen wir uns denn auf die Seite Esaus stellen? Ist der etwa ehrlicher? Gewöhnlich redet man abfällig über Jakob, manche ziehen über ihn her, was er für ein Betrüger war. Buße hat er über sein

Leben scheinbar nie getan. Wäre das die Wahrheit, müsste man an Gott irre werden, denn Er machte Jakob zum Segensträger. Wenn Gott sagt: „Den Jakob habe ich geliebt, den Esau aber habe ich gehasst" (Röm.9,10-13), wie können wir dann Jakob tadeln und womöglich den Esau für den rechten Mann halten?

DIE UNGLEICHEN BRÜDER

Sie hatten gläubige Eltern, und doch waren Jakob und Esau so verschieden in ihrem Charakter wie es nicht anders sein könnte. Man hat das manchmal bei Zwillingen, obwohl sie sich äußerlich zum Verwechseln ähnlich sehen. In der Geschichte Jakobs und Esaus spielen die Berufungen eine Rolle, die „eine Völkerschaft wird stärker sein als die andere, und der Ältere wird dem Jüngeren dienen".

Ich möchte auf den Unterschied von Jakob und Esau bei Christen zu sprechen kommen. Können wir uns vorstellen, dass Gott einen Gläubigen, der ein Betrüger ist, segnet? Wer solche Ungereimtheiten glaubt, kennt Gott nicht. Wir wissen, dass Lügner in den Feuersee kommen (Offb.21,8). Wo aber irgend die Schrift von Jakob redet, wird er gerechtfertigt und gesegnet, während Gott dem Esau und seinem Volk Edom „ewiglich zürnt"; bei ihm betreten wir das „Gebiet der Gesetzlosigkeit" (Mal.1,1-6).

In Jakob haben wir den Typus des geistlichen Menschen, in Esau den Fleischlichen. Schon im Mutterleib sind die beiden geschieden und stoßen sich aneinander, wie Fleisch und Geist. Das Fleisch muss dem Geiste untertan sein bzw. unterworfen werden, wie Edom unter Israel. Ist es umgekehrt, so bei dem Fleischlichen, regiert das Fleisch. Daher ist der Fleischliche auch so leicht verletzt, man darf ihm nicht zu nahe treten. Der Geistliche aber reagiert sanft, Jakob war ein sanfter, ruhiger Mann; Esau hingegen rauh und unbeherrscht. Sein Erstgeburtsrecht, womit der Segen Abrahams verknüpft war, achtete er gering. An dem Erstgeburtsrecht aber hängt der Segen, immer noch.

Das Erstgeburtsrecht im alttestamentlichen Sinne ist überholt, es mag noch im Geschäftsleben gelten oder bei anderen Religionen. Jeder, der Christum angenommen hat und wiedergeboren ist, bekommt das Erstgeburtsrecht. Dem geht aber die Entscheidung voraus, ob man auf den kurzen zeitlichen Vorteil und weltlichen Genuss zugunsten des ewigen Erbes verzichten will. Die Frage ist weiter, wie gehe ich mit dem neuen Recht um, wonach trachte ich? Man muss den inneren Esau überlisten. Jakob begehrte heiß den Segen seiner Väter, den Segen Gottes. So nahm er die erste Gelegenheit wahr, seinem Bruder Esau das Erstgeburtsrecht abzukaufen. Dieser aber verachtete es: „wozu mir das Erstgeburtsrecht?" sagte er. Und warum verachtete er es? Weil sein Sinn auf das Irdische, Weltliche gerichtet war. Nicht dass er böse Dinge trieb, davon lesen wir bis dahin nichts, aber er jagte nach vergänglichen Dingen. Darin war er „jagdkundig". Fleischliche Christen wissen oft sehr gut Bescheid in weltlichen Dingen, der Geistliche in göttlichen Dingen. Sind unsere Gedanken mit dem was Gottes ist beschäftigt? Wo liegen unsere Interessen, unsere Prioritäten? Christus oder die Welt.

In Jakob sehen wir einen Gläubigen in der Glaubens- und Segenslinie Abrahams. Nicht von Natur aus, wir sind es erst durch den Glauben geworden. Diese Linie zieht sich wie ein roter Faden durch die ganze Schrift und bis heute; und sie scheidet immer das aus, was wie Ismael und Esau ist, auch wenn es weiter unter dem guten Bekenntnis firmiert. An Jakob und Esau werden die Weichen gestellt, was Gottes Israel ist und was es nicht ist. Fleischliche Christen haben keine großen Bedenken, ihre Kinder in die gottlosen Schulen zu schicken. Bildung und Ausbildung, soziale Stellung, Fortkommen in der Welt sind ihnen wichtiger als das Reich Gottes. Aber gesegnet sein wollen sie auch. Sie wollen beides, die Freiheit des Fleisches und den Segen Gottes. Dass man beides nicht haben kann, macht uns auf eindrückliche Weise die

Geschichte Esaus deutlich. „Sinnet nicht auf hohe Dinge, sondern haltet euch zu den Niedrigen" (Röm.12,16).

Im alten Bunde gehörte man durch Geburt und Beschneidung zum Volke Gottes, im neuen Bunde durch die Wiedergeburt und die Beschneidung des Herzens. Das Erstgeburtsrecht war darüber hinaus noch ein besonderes Vorrecht, den Segen weiterzutragen. Bei den Patriarchen entschied sich das oft an zwei Personen, später an Völkern, indem Gott die Kinder Israel absonderte, wie die Schrift zum Pharao spricht: „Mein Sohn, mein Erstgeborener, ist Israel; und ich sage dir: Laß meinen Sohn ziehen, dass er mir diene!" (2.Mose 4,22). Doch Israel wurde wie Esau und verlor sein Erstgeburtsrecht und somit den Segen. Nachdem der Sohn Gottes, „der Erstgeborene aller Schöpfung" (Kol.1,15), in die Welt gekommen ist, ist Er der „Erstgeborene der Brüder" (Röm.8,29) und der Segensträger geworden.

Wer meint, er könne sich auf seinem Heil ausruhen und leben wie er will, kann am Ende alles verlieren. Wem es aber allein um den Segen Gottes geht, wird gesegnet sein und alles mit Christus erben. Das macht uns die am meisten missverstandene Geschichte Jakobs deutlich (1.Mo.25,19-34; Hebr.12,4-17).

Es dürfte schwerfallen, die Familien im Alten Testament mit der neutestamentlichen Struktur der Familie zu vergleichen. Da ist einmal schon das Eheverständnis und Eheverhältnis ein ganz anderes, der Vielweiberei im alten Bunde steht die Einehe im neuen Bunde gegenüber. Nur die Unterordnung der Frau wird im Neuen Testament bestätigt, weil es eine natürliche Ordnung ist; der Mann ist das Haupt der Frau und der Familie. Die Kinder stehen nicht mehr wie im alten Bunde allein unter der Autorität und Zucht des Vaters, sondern jetzt unter beiden, unter Vater *und* Mutter als Eltern. „Ihr Kinder, gehorchet euren Eltern im Herrn, denn das ist recht" (Eph.6,1-4). Die Erziehungsgrundsätze sind im alten wie im neuen Bunde gleich, nicht jedoch die Mittel. Den Segen gibt im neuen Bunde nicht mehr allein der Vater weiter, sondern die Eltern, aber hier auch nicht mehr dasselbe Segensgut, denn der Segen im Neuen Bunde ist kein irdischer, biologischer, materieller, sondern ein geistlicher. Jede ungleiche Behandlung von Kindern ist dem Neuen Testament fremd, im alten Bunde aber verschiedentlich geboten.

Bei der Familie Isaak hätten wir große Schwierigkeiten, ihr inneres Verhältnis auf unsere Zeit zu übertragen. Bei diesem Versuch würden wir nur Tadel auszuteilen haben, wo Gott ausdrücklich seine Zustimmung gibt. Deshalb verbietet sich eine *natürliche* Betrachtung dieser und jeder anderen alttestamentlichen Familiengeschichte. Wollen wir Nutzen aus der Familie der Stammväter ziehen, müssen wir sie *geistlich* betrachten und auf die Familie Gottes bzw. auf das christliche Bekenntnis anwenden. Unter Kindern Gottes finden sich ähnliche Verschiedenheiten und Charakterzüge wie bei den alttestamentlich Gläubigen.

Wir haben das Erstgeburtsrecht erhalten durch den Glauben an Jesum Christum, der zugleich Sohn und Vater Abrahams, Jakobs und Israels ist, „die Wurzel und das Geschlecht Davids" (Offb.22,16); wir sind durch Ihn zu der „Versammlung der Erstgeborenen" gekommen (Hebr.12,23). „Also werden die, welche aus Glauben sind, mit dem gläubigen Abraham gesegnet". Der Segen Abrahams aber ist: „In dir werden gesegnet werden alle Nationen" (Gal.3,7-9.14). Welch eine Verheißung! Durch uns, die „mit jeder geistlichen Segnung" gesegnet sind (Eph.1,3), soll auch die Welt in den Genuss des Segens kommen durch den Glauben. Gesegnete Leute verbreiten Segen und sind ihrer Umgebung ein Segen.

Doch dieses Vorrecht und somit den Segen kann man verlieren, wie wir an Esau sehen, „der für e i n e Speise sein Erstgeburtsrecht verkaufte" (Hebr.12,16). Wir, wohlgemerkt wir als Gläubige, werden gewarnt, nicht wie Esau zu sein, der in dieser Stelle ein Ungöttlicher genannt wird. Was ist uns wichtiger, wertvoller: Christus,

Seine Tugenden und die himmlischen Schätze und Segnungen? Oder irdische Dinge und zeitliche Interessen, Geld und Erfolg? Wer Letzteres wählt, hat gleichsam sein Erstgeburtsrecht verkauft und damit den Segen verspielt. Wundert es uns, wenn die Evangelisationen nicht mehr gesegnet sind? Was stellt man heute alles an, um Menschen zu erreichen, zu gewinnen. Ob die Einladenden selbst noch das Erstgeburtsrecht haben? Eine Selbstprüfung wäre angebracht. So tun als ob ist Heuchelei.

Es ist so fatal und abwegig, wie Jakob betrachtet wird. Ihm wird Sünde angelastet, obwohl Gott ihn nie tadelt und auch nichts von Buße dort steht, sondern ihn segnet auf allen Wegen. Bei der falschen Beurteilung von Jakob und Esau spielt nicht nur eine mangelnde Unterscheidung von altem und neuem Bund mit den entsprechenden Segnungen eine Rolle, sondern auch eine falsche Lehre, wonach das „Erstgeburtsrecht" unverlierbar sein soll. Daraus folgt eine Selbstsicherheit wie die in Laodicäa, die letztlich ohne den Segen Gottes ausgehen werden. Sie müssen sich dann wie Esau alles selbst mühsam erkämpfen. „Den Seinen gibt's der Herr im Schlaf" (Ps.127,2).

Nachfolge Jesu bedeutet Selbstverleugnung. „Wenn jemand mir nachkommen will, der verleugne sich selbst und nehme sein Kreuz auf und folge mir nach" (Matth.16,24). Jakob hört auf den Rat seiner Mutter und verleugnet sich und erlangt den Segen; danach geht er den Kreuzesweg, weiß sich aber von Gott geführt und bewahrt, und sein Ende ist überaus herrlich. Manche meinen, Jakob hätte sich nicht verstellen brauchen, er hätte den Segen auch so bekommen. „Auch so" zieht man sich nur den Fluch zu und kriegt überhaupt nichts. Der eigentliche Betrüger war Esau, er hätte seinem Vater sagen müssen, dass er das Erstgeburtsrecht nicht mehr habe. Laue, weltlich gesinnte Christen verhalten sich ähnlich wie Esau, sie wollen vom HErrn gesegnet werden, haben aber längst ihr Erstgeburtsrecht verloren, um geringwertigerer

Dinge verkauft. Sie werden einmal leer ausgehen, wenn sie nicht Buße tun. Esau suchte zwar den Segen mit Tränen, aber er wurde verworfen, „denn er fand keinen Raum für die Buße" (Hebr.12,17).

Auch Isaak ist hier verkehrt. Er lässt sich von seinem Geschmack und Gefühl leiten. Wie kann er einen Mann segnen, der die Welt liebt, den Gott als Ungöttlichen bezeichnet. Esaus weltliche Weiber waren ein Herzeleid für seine Eltern. Daran sieht man, wie weltlich Esau war, aber auch, wie blind Isaak war, je älter je blinder, so dass er nicht mehr unterscheiden kann, was aus Gott ist und was aus der Welt ist (1.Joh.4,4-6). Das muss auch von den Israelfreunden gesagt werden, wenn sie meinen, man müsse Israel, „unseren älteren Bruder", segnen. Es ist das falsche Israel. Verheißung wird nur denen gegeben, die an Jesum Christum glauben. Nochmal: „Also werden die, welche aus Glauben sind, mit dem gläubigen Abraham gesegnet."

Schauen wir die Juden an in den Tagen Jesu. Sie leiteten ihre Abstammung von Jakob her. Aber schon bei Maleachi kommen Zweifel auf, ob sie nicht doch mehr Esau gleichen (1,1-5). Für Paulus ist klar, dass „nicht alle, die aus Israel sind, diese sind Israel, auch nicht, weil sie Abrahams Same sind" (Röm.9,6-13). Gläubige und ungläubige Juden waren wie Jakob und Esau. Beide wollten gesegnet sein, aber ihre Gesinnung war völlig verschieden. Wer an Jesus glaubte war gesegnet; wer aber nicht glaubte und die Gnade Gottes verachtete, verachtete sein Erstgeburtsrecht wie Esau und zog sich nur noch den Fluch zu (Mark.16,16).

Die Offenbarung stellt noch einmal beide Gruppen von Bekennern gegenüber: Auf der einen Seite „die, welche sagen, sie seien Juden und sind es nicht", auf der anderen die Überwinder als den wahren Samen Abrahams und Israels, der, in der Bewährung des Glaubens geläutert, in das neue Jerusalem einzieht. Für die irdisch Gesinnten ist das irdische Jerusalem die Sehnsuchtsstadt, für die himmlisch Gesinnten das Jerusalem droben, „welches unsere

Mutter ist" (Gal.4,21-31). Wie Abraham und Isaak erwartete auch Jakob „die Stadt, welche Grundlagen hat, deren Baumeister und Schöpfer Gott ist" (Hebr.11,10).

Versöhnt

Da nun der Trauerzug wieder nach Ägypten zurückgekehrt ist, befürchten die Brüder, dass Joseph sie jetzt anfeindete „und uns gar all das Böse vergelten würde, das wir ihm angetan haben!" Was fehlte ihrerseits noch, um Vertrauen zu gewinnen? Wie in jedem gestörten menschlichen Verhältnis so auch zwischen Mensch und Gott ist die Basis, damit die Gemeinschaft wiederhergestellt wird, ein klares rückhaltloses Schuldbekenntnis. Das fehlte bei den Brüdern noch, und es fehlt heute bei vielen, die sich Brüder nennen, wo brüderliche Verhältnisse gestört sind. „Bekennet denn einander die Vergehungen und betet füreinander, damit ihr geheilt werdet" (Jak.5,16).

Zwar mussten sie sich vor Joseph ergeben und sagen, „Gott hat die Missetat deiner Knechte gefunden". Als Joseph sich ihnen dann offenbarte, lagen sie sich in den Armen und weinten, aber aus ihrem Munde kam kein Wort der Entschuldigung. Joseph hatte ihnen längst vergeben, aber die ganze Zeit bis zum Tode Jakobs, siebzehn Jahre, muss sie noch ein Misstrauen gequält haben, ob Joseph sich doch noch eines Tages an ihnen rächen würde, wenn der Vater nicht mehr lebte. Das bricht jetzt mit Macht auf, sie lassen ihm übermitteln: „Dein Vater hat vor seinem Tode befohlen und gesagt. So sollt ihr zu Joseph sprechen: Ach vergib doch die Übertretung deiner Brüder und ihre Sünde! Denn sie haben dir Böses angetan. Und nun vergib doch die Übertretung der Knechte des Gottes deines Vaters!"

Als Joseph das hört, weint er. Wie wenig hatten sie ihn erkannt, sein Herz schlug immer für die Brüder. „Gehe aber hin zu meinen

Brüdern und sprich zu ihnen: Ich fahre auf zu meinem Vater und eurem Vater, und zu meinem Gott und eurem Gott", soll Maria Magdalene den Jüngern übermitteln (Joh.20,17). Da ist die Verbindung wieder hergestellt. „Denn sowohl der, welcher heiligt, als auch die, welche geheiligt werden, sind alle von einem; um welcher Ursache willen er sich nicht schämt, sie Brüder zu nennen (Hebr.2,11).

Die Geschichte Josephs ist in der Tat die Geschichte der Brüder, wie entzweite Brüder durch die Liebe und Hingabe Jesu wieder eins werden, vereinigt in Liebe. „Ihr zwar, ihr hattet Böses wider mich im Sinne; Gott aber hatte im Sinne, es gut zu machen, auf daß er täte, wie es an diesem Tage ist, um ein großes Volk am Leben zu erhalten. Und nun, fürchtet euch nicht; i c h werde euch und eure Kinder versorgen. Und er tröstete sie und redet zu ihrem Herzen". Ein herrlicher Schluss einer ernsten und heilsamen Lektion, die auch wir lernen durch die Offenbarung Jesu Christi. Er will seine Gemeinde wiederherstellen, ja brüderliche Beziehungen in ungeheuchelter Bruderliebe mit Inbrunst aus reinem Herzen zu lieben schaffen (1.Petr.1,22). „Wir lieben, weil er uns zuerst geliebt hat" (1.Joh.4,17-19).

Joseph lebte hundertundzehn Jahre und sah Kinder von Ephraim des dritten Gliedes, ebenso von Manasse. Beide nahmen später den größten Teil des Landes Israel ein und bildeten auch die Mehrheit des Volkes Gottes. Sowohl die Ehe mit Asnath als auch die Zueignung ihrer Kinder mit Israel durch Jakob ist das Geheimnis, das Paulus offenbart wurde in der Vereinigung der Juden mit den Nationen zu *einem* Israel im neuen Bunde, den schon Jeremia verheißen hat (Eph.3; Hebr.8).

Mit 30 Jahren wurde Joseph Gebieter des Landes, regierte also 80 Jahre in Ägypten zum Wohle seines Vaterhauses und des ganzen Landes Ägypten. Jesus, unser Retter und König, aber lebt immer noch und seines Reiches ist kein Ende.

Geisteskampf um Israel

„Endzeit"-Gefechte

Der Autor zieht in diesem Buch gegen die Irrtümer der Endzeit zu Felde und räumt mit der Deuterei von aktuellen Geschehnissen mit der biblischen Prophetie auf. „polizik und Glaube dürfen nicht vermengt werden" (Schenk). Im ersten Teil, „Endzeiterwartungen", greift er noch einmal auf sein erstes Buch, eine geistliche Auslegung der Johannesoffenbarung mit dem Titel „Geheimnis, Babylon", zurück, worin er die gegenwärtige kirchliche und gesellschaftliche Situation analysiert und eine Wende prognostiziert.

ISBN 978-3-7386-4393-0,
380 Seiten

www.kulturenwende.de